La loi de l'attraction pour l'argent

17 secrets et techniques puissants pour manifester richesse et abondance sans effort

Ehsan Zarei

DMA4U Publishing

Introduction

1. Libérez vos Blocages Financiers : Identifiez et libérez toutes les croyances négatives ou les blocages émotionnels que vous avez à propos de l'argent, tels que des sentiments d'indignité ou la peur de l'abondance.

2. Visualize Abundance: Regularly practice visualizing yourself in situations where you have the wealth and financial freedom you desire. Engage all your senses in these visualizations to make them more powerful..

Chapitre 3 : Affirmations de richesse Utilisez des affirmations positives quotidiennement pour reprogrammer votre subconscient. Des phrases comme "Je suis un aimant pour la richesse" ou "L'argent me coule dessus sans effort" peuvent renforcer un état d'esprit de richesse.

4. Gratitude pour l'abondance actuelle : Cultivez l'habitude de la gratitude pour l'argent et les ressources que vous possédez actuellement. Cela crée une énergie positive qui attire encore plus d'abondance.

5. Fixez des Objectifs Financiers Clairs : Définissez clairement vos objectifs financiers avec des montants spécifiques et des échéances précises. Plus vous êtes précis, plus vos efforts de manifestation seront ciblés.

6. Pratiquez le détachement : Tout en vous concentrant sur vos objectifs financiers, exercez-vous à vous détacher du résultat. Ayez confiance que l'univers pourvoira, sans vous obséder sur le "comment" et le "quand".

7. Entourez-vous d'influences prospères : Immergez-vous dans des environnements, côtoyez des personnes et consommez du contenu qui reflètent l'abondance et la prospérité. Cela influence votre état d'esprit et votre vibration vers la richesse.

8. Agir Comme Si Vous Étiez Déjà Riche : Commencez à vivre et à prendre des décisions comme si vous aviez déjà la richesse que vous désirez. Cela aligne votre énergie avec la fréquence de l'abondance.

9. Dépenses Conscientes : Soyez intentionnel dans vos dépenses, en reconnaissant que l'argent est une énergie. Dépensez de manière à vous apporter de la joie et à aligner vos choix avec vos valeurs, renforçant ainsi une relation positive avec l'argent.

10. Méditation Quotidienne sur l'Argent : Intégrez une pratique de méditation quotidienne axée sur la richesse et l'abondance. Visualisez l'argent affluant dans votre vie et ressentez les émotions associées à sa possession.

11. Créez un Tableau de Vision : Créez un tableau de vision qui représente vos objectifs financiers. Placez-y des images, des mots et des symboles qui résonnent avec la richesse et le style de vie que vous souhaitez manifester.

12. Adoptez la Générosité : Pratiquez le don de manière libre et généreuse, sachant que ce que vous donnez vous revient multiplié. Cela renforce l'état d'esprit d'abondance.

13. Mantras d'argent : Utilisez des mantras qui résonnent avec la richesse et l'abondance. Répéter ces mantras quotidiennement vous aide à changer votre énergie pour attirer de l'argent.

14. Se concentrer sur la création de valeur : Détournez votre attention de la simple quête de l'argent pour vous concentrer sur la création de valeur. Plus vous apportez de valeur aux autres, plus vous attirez l'argent.

15. Alignement Émotionnel : Alignez vos émotions avec le sentiment d'avoir déjà la richesse. Ressentez la joie, la satisfaction et la sécurité comme si vos objectifs financiers étaient déjà atteints.

16. Utilisez la règle des 17 secondes : Selon la loi de l'attraction, maintenir une pensée positive pendant 17 secondes peut démarrer le momentum de la manifestation. Concentrez-vous sur vos désirs de richesse pendant au moins 17 secondes plusieurs fois par jour.

17. Faites confiance au processus: Ayez une foi inébranlable dans le processus de manifestation. Croyez que l'univers travaille en coulisses pour réaliser vos désirs financiers, même si vous ne voyez pas de résultats immédiats.

Réflexions Finales : Manifester la Richesse et l'Abondance

Introduction

Bienvenue dans un voyage transformateur vers la prospérité et l'abondance financière. Ce livre est votre guide pour libérer le pouvoir de la manifestation, une pratique qui a le potentiel de changer non seulement votre situation financière, mais aussi toute votre vie. Que vous débutiez dans l'exploration de la Loi de l'Attraction ou que vous soyez un pratiquant chevronné cherchant à approfondir votre compréhension, ce livre offre des outils pratiques, des techniques et des perspectives pour vous aider à manifester la richesse que vous désirez.

Au cœur de la manifestation se trouve l'alignement de vos pensées, émotions et actions avec vos désirs les plus profonds. C'est le processus de transformation de vos intentions en réalité en exploitant les lois naturelles de l'univers. Bien que le concept de manifestation ait gagné en popularité ces dernières années, il est important de reconnaître que cette pratique ne se résume pas à de la simple pensée positive. Il s'agit de prendre des actions délibérées et inspirées tout en gardant une foi inébranlable dans le processus. Il s'agit de créer un état d'esprit et un mode de vie qui attirent naturellement l'abondance.

Ce livre est structuré pour vous guider pas à pas à travers les principes et pratiques qui vous aideront à manifester richesse et abondance. Chaque chapitre se concentre sur un aspect spécifique de la manifestation, depuis le déblocage de vos blocages financiers jusqu'à l'utilisation d'outils puissants comme la visualisation, les affirmations et la règle des 17 secondes. En chemin, vous apprendrez à cultiver un état d'esprit d'abondance, à maintenir un alignement émotionnel avec vos objectifs et à avoir confiance dans le processus, même lorsque les résultats ne sont pas immédiatement visibles.

Vous vous demandez peut-être : "Pourquoi se concentrer sur la richesse ?" La réponse est simple : l'abondance financière est un aspect clé de la liberté et de la sécurité. Elle vous permet de vivre une vie pleine de sens, de donner généreusement et de profiter des joies et des opportunités qu'apporte l'indépendance financière. Mais ce livre ne concerne pas uniquement l'argent ; il s'agit de créer une vie épanouissante et équilibrée où la richesse est le résultat naturel de la valeur que vous apportez, de l'état d'esprit que vous cultivez et de l'énergie que vous incarnez.

Tout au long de ce livre, vous trouverez des exercices pratiques et des étapes concrètes que vous pourrez commencer à mettre en œuvre dès maintenant. Ces pratiques sont conçues pour s'intégrer à votre routine quotidienne, faisant de la manifestation une partie intégrante de votre vie plutôt qu'un concept abstrait et séparé. L'objectif est de vous aider à construire des habitudes qui vous alignent constamment avec l'énergie de l'abondance, conduisant à un succès financier durable et à un bien-être global.

Au moment où vous embarquez dans ce voyage, gardez l'esprit ouvert et soyez patient avec vous-même. La manifestation est un processus qui demande du temps, de la dévotion et, surtout, de la confiance. Vous pourriez rencontrer des défis en cours de route, mais avec persévérance et foi, vous découvrirez que vous avez le pouvoir de façonner votre destinée financière.

Ce livre est plus qu'un simple guide—c'est une invitation à transformer votre relation avec l'argent, à embrasser l'abondance qui est votre droit de naissance et à créer une vie qui reflète vos aspirations les plus élevées. Lorsque vous aurez terminé votre lecture, vous aurez les outils, les connaissances et la confiance nécessaires pour manifester la richesse et l'abondance dont vous avez toujours rêvé.

Alors, êtes-vous prêt à débloquer le pouvoir de la manifestation et à commencer votre voyage vers la liberté financière ? Si oui, tournez la page et commençons. Une vie abondante vous attend.

1. Libérez vos Blocages Financiers :
Identifiez et libérez toutes les
croyances négatives ou les blocages
émotionnels que vous avez à propos
de l'argent, tels que des sentiments
d'indignité ou la peur de l'abondance.

Les blocages financiers sont des obstacles cachés dans votre esprit subconscient qui peuvent vous empêcher d'atteindre l'abondance financière, peu importe à quel point vous travaillez dur ou désirez la richesse. Ces blocages se manifestent souvent sous forme de croyances profondément ancrées, de peurs ou de blessures émotionnelles liées à l'argent. Dans ce chapitre, nous allons explorer comment identifier et libérer ces blocages, ouvrant ainsi la voie pour que la Loi de l'Attraction fonctionne plus efficacement dans votre vie financière.

Comprendre les Blocages Financiers

Les blocages financiers sont enracinés dans l'esprit subconscient et se forment souvent pendant l'enfance ou à travers des expériences de vie significatives. Ils peuvent prendre de nombreuses formes, comme la croyance que "l'argent est la racine de tout mal", "je ne mérite pas d'être riche" ou "les riches sont cupides". Ces croyances créent une association négative avec l'argent, menant à l'auto-sabotage, à la peur et à l'anxiété financière.

Par exemple, si vous avez grandi dans un foyer où l'argent était rare, vous avez peut-être internalisé la croyance que l'argent est difficile à obtenir ou que vous ne méritez pas l'abondance financière. De même, si vous avez été témoin de disputes à propos de l'argent ou avez vécu une perte financière significative, vous pourriez craindre que le fait d'avoir de l'argent entraîne du stress ou une perte.

Ces blocages opèrent à un niveau subconscient, influençant vos pensées, vos émotions et vos actions. Même si vous désirez consciemment la richesse, ces blocages cachés peuvent créer une résistance, rendant difficile la manifestation du succès financier.

Identifier Vos Blocages Financiers

La première étape pour libérer vos blocages financiers est de les identifier. Cela nécessite une auto-réflexion honnête et une volonté d'explorer vos croyances et vos émotions à propos de l'argent. Voici quelques étapes pour vous aider à découvrir vos blocages financiers :

1. **Examinez Vos Croyances sur l'Argent** : Prenez le temps d'écrire vos pensées et croyances à propos de l'argent. Croyez-vous que l'argent est rare ? Que la richesse est réservée aux chanceux ou aux corrompus ? Que vous devez lutter pour joindre les deux bouts ? Recherchez les croyances négatives ou limitantes qui émergent.

2. **Réfléchissez à Votre Enfance** : Considérez les messages que vous avez reçus sur l'argent en grandissant. Comment vos parents ou tuteurs géraient-ils l'argent ? Y a-t-il eu des événements financiers significatifs qui vous ont marqué ? Ces expériences peuvent fournir des indices sur vos croyances actuelles concernant l'argent.

3. **Observez Vos Réactions Émotionnelles** : Faites attention à ce que vous ressentez lorsque vous pensez à l'argent. Ressentez-vous de l'anxiété, de la culpabilité ou un sentiment d'indignité ? Évitez-vous de regarder votre compte bancaire ou de discuter de finances ? Ces réactions émotionnelles peuvent indiquer des blocages sous-jacents.

4. **Remarquez les Schémas dans Votre Vie Financière** : Cherchez des schémas dans votre vie financière qui suggèrent un blocage. Rencontrez-vous fréquemment des dépenses imprévues, ou avez-vous du mal à épargner ou à conserver de l'argent ? Des schémas d'instabilité financière peuvent indiquer des blocages non résolus.

5. **Posez-Vous des Questions Clés** : Posez-vous des questions telles que "Que pense-je des riches ?" ou "Que se passerait-il si je devenais soudainement riche ?" Les réponses peuvent révéler des peurs cachées ou des croyances qui vous freinent.

Libérer Vos Blocages Financiers

Une fois que vous avez identifié vos blocages financiers, l'étape suivante consiste à les libérer. Ce processus implique de reprogrammer votre subconscient pour remplacer les croyances négatives par des croyances positives et motivantes. Voici quelques techniques pour vous aider à libérer vos blocages financiers :

1. **Affirmations** : Les affirmations positives sont des outils puissants pour reprogrammer votre subconscient. Créez des affirmations qui contrent vos croyances négatives sur l'argent, comme "Je mérite la richesse", "L'argent afflue vers moi facilement et sans effort", ou "Je suis ouvert à recevoir l'abondance". Répétez ces affirmations quotidiennement, de préférence devant un miroir.

2. **Visualisation** : La visualisation est une autre technique efficace pour éliminer les blocages.

Passez quelques minutes chaque jour à vous visualiser en train de vivre une vie d'abondance financière. Imaginez ce que cela fait d'avoir plus que suffisamment d'argent pour répondre à vos besoins et à vos désirs. Visualisez des scénarios spécifiques, comme rembourser des dettes, profiter de luxes ou donner généreusement aux autres.

3. **Technique de Libération Émotionnelle (EFT)** : Aussi connue sous le nom de tapping, l'EFT est une technique qui combine l'acupression avec la thérapie cognitive pour libérer les blocages émotionnels. En tapotant sur des points méridiens spécifiques de votre corps tout en vous concentrant sur vos blocages financiers, vous pouvez aider à libérer l'énergie négative et la remplacer par des croyances positives.

4. **Journalisation** : Écrire sur vos blocages financiers peut être un moyen puissant de les libérer. Commencez par écrire dans un journal vos peurs, anxiétés et croyances limitantes liées à l'argent. Ensuite, écrivez vos intentions de libérer ces blocages et de les remplacer par des croyances positives. Vous pouvez également écrire des lettres à l'argent, exprimant votre gratitude et votre ouverture à recevoir l'abondance.

5. **Pardon** : Souvent, les blocages financiers sont liés à des expériences passées de douleur, de trahison ou de perte. Pratiquer le pardon peut aider à libérer ces blocages. Pardonnez-vous pour les erreurs financières que vous avez commises, et pardonnez

aux autres qui ont pu contribuer à vos blocages financiers. Lâcher la rancune et la colère libère votre énergie pour attirer l'abondance.

6.   **Méditation** : La méditation peut vous aider à vous connecter avec votre subconscient et à libérer des blocages profondément enracinés. Pratiquez une méditation quotidienne axée sur l'abondance, où vous visualisez vos objectifs financiers et laissez aller toute résistance ou peur. Vous pouvez également utiliser des méditations guidées spécialement conçues pour éliminer les blocages financiers.

2. Visualize Abundance: Regularly practice visualizing yourself in situations where you have the wealth and financial freedom you desire. Engage all your senses in these visualizations to make them more powerful..

La visualisation est l'un des outils les plus puissants de votre arsenal de manifestation. Lorsque vous visualisez l'abondance, vous ne faites pas que rêvasser ; vous créez activement une esquisse mentale de la vie que vous souhaitez. Ce processus aligne vos pensées, vos émotions et votre énergie sur la fréquence de la richesse et de la liberté financière, facilitant ainsi la manifestation de ces choses dans votre réalité.

Dans ce chapitre, nous allons plonger dans l'art de la visualisation, en explorant pourquoi elle fonctionne, comment la pratiquer efficacement et comment engager tous vos sens pour rendre vos visualisations aussi vives et puissantes que possible.

Le Pouvoir de la Visualisation

La visualisation est une pratique mentale où vous créez une image détaillée dans votre esprit de quelque chose que vous voulez accomplir. C'est comme une répétition mentale qui prépare votre cerveau et votre corps à la réalité que vous souhaitez créer. Les athlètes, les artistes et les entrepreneurs à succès utilisent souvent la visualisation pour améliorer leurs performances et atteindre leurs objectifs. Le même principe s'applique à la manifestation de la richesse et de la liberté financière.

Lorsque vous visualisez, votre cerveau ne fait pas la différence entre ce qui est réel et ce qui est imaginé. Des études ont montré que les mêmes voies neuronales sont activées que vous viviez réellement quelque chose ou que vous l'imaginiez de manière vivante. Cela signifie qu'en visualisant l'abondance, vous entraînez votre cerveau à reconnaître les opportunités, à passer à l'action et à s'aligner sur la fréquence de la richesse.

Dans le contexte de la Loi de l'Attraction, la visualisation agit comme un puissant aimant, attirant les choses que vous désirez dans votre vie. En vous visualisant régulièrement dans des situations de richesse et d'abondance, vous envoyez un signal clair à l'univers sur ce que vous voulez, et l'univers répond en apportant ces désirs dans votre réalité.

Comment Visualiser l'Abondance Efficacement

Une visualisation efficace va au-delà du simple fait de fermer les yeux et de penser à l'argent. Il s'agit de créer une expérience riche en sensations, qui engage vos émotions et aligne votre énergie sur la fréquence de l'abondance. Voici comment vous pouvez pratiquer la visualisation de manière efficace :

1. **Fixez une Intention Claire** : Avant de commencer votre visualisation, fixez une intention claire sur ce que vous voulez manifester. Soyez spécifique quant au montant d'argent que vous désirez, au style de vie que vous souhaitez créer ou aux objectifs financiers que vous souhaitez atteindre. Plus votre intention est claire, plus votre visualisation sera concentrée.

2. **Créez un Espace Calme** : Trouvez un endroit calme où vous ne serez pas dérangé. Asseyez-vous ou allongez-vous dans une position confortable, fermez les yeux et prenez quelques respirations profondes pour vous recentrer. Cela vous aide à

vous détendre et à concentrer votre esprit sur la tâche à accomplir.

3. **Visualisez en Détail** : Commencez à créer une image mentale de vous-même vivant la vie d'abondance que vous désirez. Imaginez chaque détail de votre situation financière idéale. À quoi ressemble votre compte bancaire ? Comment vous sentez-vous en voyant les chiffres ? Que faites-vous avec votre argent ? Voyagez-vous, achetez-vous une nouvelle maison ou investissez-vous dans vos rêves ? Plus votre visualisation est détaillée, plus elle semblera réelle.

4. **Engagez Tous Vos Sens** : Pour rendre votre visualisation plus puissante, engagez tous vos sens. Ne vous contentez pas de voir la richesse ; ressentez la joie et la sécurité qu'elle apporte. Entendez les sons de la vie que vous créez, que ce soit les rires de vos proches, le bruit des vagues de l'océan lors de vacances de luxe, ou le doux ronronnement de votre voiture de rêve. Sentez le parfum des nouvelles opportunités ou l'arôme de votre plat préféré dans un cadre somptueux. Goûtez au succès et à la satisfaction d'avoir atteint vos objectifs financiers. Plus vous incluez de stimulations sensorielles, plus votre visualisation sera vivante et convaincante.

5. **Concentrez-vous sur les Émotions** : L'un des aspects les plus cruciaux de la visualisation est de se connecter aux émotions associées à la richesse et à la liberté financière que vous désirez. Ressentez le bonheur, la sécurité et la tranquillité

d'esprit qu'apporte l'abondance. Les émotions sont de puissants émetteurs d'énergie, et en ressentant les émotions du succès, vous alignez votre vibration sur la fréquence de ce que vous souhaitez attirer.

6. **Utilisez des Affirmations** : Pendant que vous visualisez, renforcez vos images avec des affirmations positives. Par exemple, vous pouvez vous dire : "Je mérite la richesse", "L'argent vient à moi facilement et sans effort" ou "Je vis une vie d'abondance et de prospérité". Ces affirmations aident à solidifier les croyances et les sentiments que vous cultivez à travers la visualisation.

7. **Faites-en une Pratique Quotidienne** : La cohérence est la clé pour rendre la visualisation efficace. Réservez du temps chaque jour pour pratiquer la visualisation, que ce soit au lever du soleil, pendant une pause déjeuner ou avant de vous coucher. Plus vous pratiquez, plus cela deviendra naturel, et plus votre manifestation sera forte.

8. **Visualisez à Partir du Résultat Final** : Au lieu de vous concentrer sur le processus pour devenir riche, visualisez-vous déjà en train de vivre dans l'abondance. Voyez-vous à la fin de votre parcours, profitant des fruits de votre manifestation. Cela vous aide à contourner tout doute ou croyance limitante sur la manière dont vous allez atteindre vos objectifs, vous permettant de vous concentrer uniquement sur le sentiment d'avoir déjà ce que vous désirez.

Surmonter les Défis Courants de la Visualisation

Bien que la visualisation soit une pratique simple, certaines personnes ont du mal au début. Voici quelques défis courants et comment les surmonter :

- **Difficulté à se Concentrer** : Si vous avez du mal à vous concentrer pendant la visualisation, commencez par des séances plus courtes et augmentez progressivement la durée. Vous pouvez également utiliser des visualisations guidées ou de la musique de méditation pour vous aider à vous concentrer.

- **Pratique Inconsistante** : Intégrez la visualisation dans votre routine quotidienne en l'associant à une autre habitude, comme vous brosser les dents ou boire votre café du matin. Programmer un rappel sur votre téléphone peut également vous aider à rester constant.

- **Manque de Croyance** : Si vous avez du mal à croire au pouvoir de la visualisation, commencez par des objectifs plus petits et plus accessibles pour renforcer votre confiance. En voyant ces petites manifestations se concrétiser, votre croyance en ce processus grandira.

- **Émotions Négatives** : Si des émotions négatives surgissent pendant la visualisation, reconnaissez-les sans jugement, puis ramenez doucement votre attention sur des sentiments positifs. Vous pouvez également traiter ces émotions séparément par le biais du journal intime ou de la méditation.

Intégrer la Visualisation dans Votre Vie Quotidienne

La visualisation ne doit pas se limiter à votre temps de pratique désigné. Vous pouvez l'intégrer dans votre vie quotidienne de différentes manières :

- **Rêverie avec un But** : Permettez-vous de rêver de vos objectifs financiers pendant les moments d'inactivité, comme lorsque vous vous déplacez ou que vous faites une pause. Utilisez ces moments pour renforcer vos visualisations.

- **Tableau de Vision** : Créez un tableau de vision qui représente vos objectifs financiers et placez-le dans un endroit où vous le verrez chaque jour. Ce rappel physique aide à garder vos objectifs en tête et renforce votre pratique de la visualisation.

- **Gratitude et Visualisation** : Combinez votre pratique de la visualisation avec un rituel de gratitude. Passez quelques minutes à visualiser votre situation financière désirée, puis exprimez votre gratitude pour l'abondance que vous manifestez. La gratitude amplifie l'énergie positive que vous créez.

- **Dépenses Réfléchies** : Lorsque vous prenez des décisions financières, visualisez l'impact positif que vos choix auront sur votre avenir. Cela vous aide à rester aligné avec vos objectifs de richesse et renforce la croyance que l'argent est un outil d'abondance.

L'Effet d'Entraînement de la Visualisation

À mesure que vous continuez à pratiquer la visualisation, vous remarquerez un changement non seulement dans votre situation financière, mais aussi dans d'autres domaines de votre vie. La visualisation aide à reprogrammer votre esprit pour le succès, influençant vos pensées, vos décisions et vos actions dans une direction positive. Vous constaterez que vous êtes plus ouvert aux opportunités, plus confiant dans vos capacités, et plus aligné avec vos véritables désirs.

Avec le temps, la richesse et la liberté financière que vous visualisez commenceront à se matérialiser dans votre vie, confirmant le pouvoir de vos pensées et l'efficacité de la Loi de l'Attraction. En étant témoin de ces changements, votre croyance en votre capacité à manifester l'abondance se renforcera, créant une boucle de rétroaction positive qui accélérera encore plus vos progrès.

Conclusion

La visualisation est bien plus qu'un simple exercice mental —c'est un outil puissant pour créer la vie que vous désirez. En visualisant régulièrement l'abondance et en engageant tous vos sens dans le processus, vous alignez votre énergie sur la fréquence de la richesse, facilitant ainsi à l'univers de vous apporter vos objectifs financiers. N'oubliez pas de pratiquer régulièrement, de vous concentrer sur les émotions du succès et d'intégrer la visualisation dans votre vie quotidienne. Avec le temps, la patience et la croyance, vous constaterez que la richesse et la liberté financière que vous visualisez sont à portée de main.

Chapitre 3 : Affirmations de richesse

Utilisez des affirmations positives quotidiennement pour reprogrammer votre subconscient. Des phrases comme "Je suis un aimant pour la richesse" ou "L'argent me coule dessus sans effort" peuvent renforcer un état d'esprit de richesse.

Les affirmations sont un outil simple mais incroyablement puissant pour transformer votre état d'esprit et reprogrammer votre subconscient. Lorsqu'il s'agit de manifester la richesse, les pensées que vous entretenez et les mots que vous prononcez jouent un rôle crucial dans la formation de votre réalité. En utilisant des affirmations positives, vous pouvez aligner vos pensées sur l'abondance, surmonter les croyances limitantes et attirer la prospérité financière dans votre vie.

Dans ce chapitre, nous allons explorer la science derrière les affirmations, comment créer des affirmations efficaces pour la richesse, et comment les intégrer dans votre routine quotidienne pour un impact maximal.

La science derrière les affirmations

Les affirmations sont des déclarations positives que vous vous répétez pour influencer votre subconscient. Le subconscient fonctionne comme une éponge, absorbant les pensées et croyances que vous lui donnez de manière répétée. Au fil du temps, ces pensées et croyances façonnent votre perception de la réalité et influencent vos actions.

Le pouvoir des affirmations réside dans leur capacité à remplacer les croyances négatives ou limitantes par des croyances positives et motivantes. Par exemple, si vous avez grandi en croyant que « l'argent est difficile à obtenir », cette croyance peut être profondément ancrée dans votre subconscient, affectant vos décisions financières et vos expériences. En affirmant de manière répétée des phrases comme « L'argent coule vers moi facilement et sans effort », vous pouvez commencer à modifier votre état d'esprit et remplacer les anciennes croyances limitantes par de nouvelles, favorables à la richesse et à l'abondance.

Des recherches en psychologie et en neurosciences ont montré que les affirmations peuvent influencer positivement le cerveau. Lorsque vous répétez des affirmations, vous activez le système de récompense du cerveau, libérant de la dopamine, ce qui aide à renforcer les comportements et croyances positifs. De plus, les affirmations peuvent réduire le stress et augmenter votre sentiment de contrôle sur votre vie, ce qui est essentiel pour attirer la richesse.

Créer des affirmations efficaces pour la richesse

Pour exploiter le pouvoir des affirmations, il est important de les formuler de manière à ce qu'elles résonnent en vous et soient alignées avec vos objectifs financiers. Voici quelques lignes directrices pour créer des affirmations efficaces :

1. **Utilisez un langage positif :** Vos affirmations doivent être formulées de manière positive, en vous concentrant sur ce que vous souhaitez atteindre plutôt que sur ce que vous voulez éviter. Par exemple, au lieu de dire « Je ne suis pas pauvre », dites « Je suis riche et abondant ».

2. **Gardez-les au présent :** Les affirmations doivent être énoncées comme si elles étaient déjà vraies. Cela aide à aligner votre subconscient avec la réalité que vous souhaitez créer. Par exemple, dites « Je suis financièrement libre » plutôt que « Je serai financièrement libre ».

3. **Soyez précis :** Bien que des affirmations générales comme « Je suis un aimant pour la richesse » soient puissantes, vous pouvez également créer des affirmations plus spécifiques qui correspondent à

vos objectifs particuliers. Par exemple, « J'attire 10 000 euros de nouveaux revenus chaque mois » donne à votre esprit un objectif clair sur lequel se concentrer.

4. **Rendez-les crédibles :** Vos affirmations doivent vous sembler crédibles, surtout si vous commencez tout juste à pratiquer cet exercice. Si « Je suis millionnaire » vous semble trop éloigné, commencez par quelque chose de plus atteignable, comme « J'attire des opportunités financières qui augmentent ma richesse chaque jour ».

5. **Incorporez des émotions :** Les émotions sont un élément clé de la manifestation. Lorsque vous créez vos affirmations, incluez des mots qui évoquent des émotions positives. Par exemple, « Je reçois de l'argent joyeusement, de sources prévues et imprévues » combine l'affirmation avec un sentiment de bonheur et d'excitation.

6. **Personnalisez-les :** Adaptez vos affirmations à vos désirs et circonstances spécifiques. Plus elles sont personnelles, plus elles résonneront en vous. Par exemple, si vous êtes entrepreneur, vous pourriez dire : « Mon entreprise prospère et j'attire des clients bien rémunérés sans effort ».

7. **Gardez-les courtes et simples :** Les meilleures affirmations sont faciles à retenir et à répéter. Gardez-les courtes et précises pour pouvoir les intégrer facilement dans votre routine quotidienne.

Exemples d'affirmations pour la richesse

Voici quelques exemples d'affirmations pour la richesse afin de vous inspirer :

- « Je suis un aimant pour la richesse et l'abondance. »
- « L'argent coule vers moi facilement et sans effort. »
- « Je mérite le succès financier. »
- « Chaque jour, j'attire de nouvelles opportunités pour augmenter ma richesse. »
- « Je suis ouvert(e) à recevoir une abondance illimitée. »
- « Mes revenus augmentent constamment. »
- « Je suis financièrement libre et je vis la vie de mes rêves. »
- « L'argent vient à moi de sources prévues et imprévues. »
- « Je mérite d'être prospère et riche. »
- « Je suis reconnaissant(e) pour la richesse et l'abondance dans ma vie. »

Intégrer les affirmations dans votre routine quotidienne

Pour tirer le meilleur parti des affirmations, la constance est essentielle. Voici quelques façons d'intégrer les affirmations pour la richesse dans votre routine quotidienne :

1. **Rituel de l'affirmation du matin :** Commencez votre journée avec un état d'esprit positif en répétant vos affirmations dès que vous vous réveillez. Prenez quelques instants pour les répéter silencieusement ou à haute voix. Cela donne le ton pour le reste de la journée.

2. **Méditation d'affirmation :** Intégrez les affirmations dans votre pratique de la méditation. En étant dans un état de relaxation, répétez vos affirmations dans votre esprit ou à voix haute. Vous pouvez également visualiser la réalisation des affirmations, ce qui ajoute une puissance supplémentaire à la pratique.

3. **Écrivez-les :** Écrire vos affirmations dans un journal peut les renforcer. Chaque jour, écrivez vos affirmations plusieurs fois, en vous concentrant sur le sens de chaque mot. Cette pratique aide à ancrer les affirmations dans votre subconscient.

4. **Utilisez des cartes d'affirmation :** Créez un ensemble de cartes d'affirmation que vous pouvez emporter avec vous. Tout au long de la journée, sortez une carte et répétez l'affirmation inscrite dessus. C'est un excellent moyen de garder vos affirmations en tête, surtout en période de doute ou de stress.

5. **Travail devant le miroir :** Placez-vous devant un miroir et répétez vos affirmations en vous regardant dans les yeux. Cette pratique, souvent appelée travail du miroir, peut être très puissante car elle vous oblige à affronter et à renforcer vos croyances directement.

6. **Affirmations avant de dormir :** Terminez votre journée en répétant vos affirmations avant de vous endormir. Cela aide à programmer votre subconscient pendant la nuit, lui permettant de travailler pour attirer la richesse et l'abondance pendant que vous reposez.

7. **Incorporez la technologie :** Utilisez la technologie à votre avantage en programmant des rappels sur votre téléphone pour répéter vos affirmations tout au long de la journée. Vous pouvez également vous enregistrer en train de dire vos affirmations et les écouter pendant vos déplacements ou pendant que vous faites de l'exercice.

8. **Visuels d'affirmation :** Créez des rappels visuels de vos affirmations. Il peut s'agir d'un tableau de visualisation qui intègre vos affirmations pour la richesse, ou de notes autocollantes placées autour de votre maison ou de votre espace de travail. Voir régulièrement vos affirmations aide à les renforcer.

9. **Dites-les avec conviction :** Lorsque vous répétez vos affirmations, faites-le avec confiance et conviction. Croyez aux mots que vous dites et ressentez leur vérité en les prononçant. Plus vous mettez d'émotion et de certitude dans vos affirmations, plus elles seront efficaces.

10. **Combinez-les avec de la gratitude :** Après avoir répété vos affirmations, prenez un moment pour exprimer votre gratitude pour la richesse et l'abondance que vous manifestez. La gratitude amplifie l'énergie positive de vos affirmations et vous aligne sur la fréquence de l'abondance.

L'impact des affirmations sur votre état d'esprit lié à la richesse

En pratiquant régulièrement les affirmations, vous commencerez à remarquer des changements dans votre état d'esprit et votre comportement. Vous constaterez peut-être que vous êtes plus confiant dans vos décisions financières, plus ouvert aux opportunités et plus résilient face aux défis. Votre nouvel état d'esprit axé sur la richesse attirera naturellement les personnes, les ressources et les circonstances qui sont en phase avec la vie abondante que vous créez.

Au fil du temps, les affirmations peuvent aider à dissoudre les peurs et les doutes profondément enracinés à propos de l'argent, les remplaçant par un sentiment de facilité et de confiance dans le flux d'abondance. Vous commencerez à voir des preuves de la manifestation de vos affirmations dans votre vie, que ce soit par des gains inattendus, de nouvelles sources de revenus, ou une amélioration générale de votre situation financière.

Conclusion

Les affirmations sont un outil puissant pour reprogrammer votre subconscient et cultiver un état d'esprit axé sur la richesse. En répétant régulièrement des déclarations positives sur l'argent et l'abondance, vous pouvez surmonter les croyances limitantes, aligner vos pensées sur la prospérité et attirer le succès financier que vous désirez. N'oubliez pas de créer des affirmations qui résonnent en vous, de les intégrer dans votre routine quotidienne et de les dire avec conviction. En faisant cela, vous constaterez que la richesse et l'abondance entrent dans votre vie plus facilement et sans effort qu'auparavant.

4. Gratitude pour l'abondance actuelle : Cultivez l'habitude de la gratitude pour l'argent et les ressources que vous possédez actuellement. Cela crée une énergie positive qui attire encore plus d'abondance.

La gratitude est une force puissante qui peut transformer votre relation avec l'argent et l'abondance. Lorsque vous cultivez l'habitude d'être reconnaissant pour les ressources et les bénédictions financières que vous avez déjà, vous créez une énergie positive qui attire encore plus de richesse et de prospérité dans votre vie. Dans ce chapitre, nous allons explorer comment la pratique de la gratitude peut changer votre état d'esprit, améliorer vos efforts de manifestation et conduire à une plus grande abondance financière.

Le Pouvoir de la Gratitude

La gratitude est plus qu'un simple sentiment ; c'est un état d'être qui vous aligne sur la fréquence de l'abondance. Lorsque vous exprimez de la gratitude, vous reconnaissez les bonnes choses de votre vie et vous signalez à l'univers que vous êtes prêt à en recevoir davantage. Cette énergie positive crée un effet magnétique, attirant davantage ce que vous appréciez dans votre expérience.

Les recherches scientifiques soutiennent les bienfaits de la gratitude. Des études ont montré que pratiquer la gratitude peut améliorer la santé mentale, augmenter le bonheur, réduire le stress, et même améliorer le bien-être physique. Sur le plan psychologique, la gratitude aide à déplacer votre focus de ce qui vous manque vers ce que vous avez déjà, favorisant un sentiment de contentement et de satisfaction.

Dans le contexte de la richesse et de l'abondance, la gratitude joue un rôle crucial dans la rupture du cycle de la pensée de rareté. Lorsque vous vous concentrez sur ce que vous n'avez pas, vous renforcez les sentiments de manque et de limitation. Cependant, lorsque vous vous concentrez sur l'abondance déjà présente dans votre vie, vous vous ouvrez à recevoir davantage. La gratitude est la clé pour débloquer un état d'esprit d'abondance, essentiel pour une manifestation réussie.

Cultiver une Habitude de Gratitude

Développer une habitude de gratitude nécessite une pratique cohérente et intentionnelle. Voici quelques stratégies pour vous aider à cultiver la gratitude pour votre abondance actuelle :

1. **Commencez un Journal de Gratitude** : L'une des méthodes les plus efficaces pour pratiquer la gratitude est de tenir un journal de gratitude quotidien. Chaque jour, notez trois à cinq choses pour lesquelles vous êtes reconnaissant, en vous concentrant spécifiquement sur vos bénédictions et ressources financières. Cela peut inclure tout, depuis le fait d'avoir un revenu stable, la capacité de payer vos factures, ou le plaisir de petites luxes comme une tasse de café. Écrire votre gratitude aide à renforcer ces sentiments positifs et les rend plus tangibles.

2. **Exprimez de la Gratitude pour chaque Transaction Financière** : Que vous payiez une facture, receviez votre salaire, ou fassiez un achat, prenez un moment pour exprimer de la gratitude. Remerciez l'univers pour la capacité de remplir vos obligations financières, pour l'argent que vous recevez, et pour les ressources dont vous pouvez profiter. Cette pratique vous aide à voir chaque transaction

financière comme un flux d'abondance plutôt qu'une perte.

3. **Pratiquez la Méditation de Gratitude** : Réservez chaque jour du temps pour une méditation de gratitude. Pendant cette pratique, fermez les yeux, prenez quelques respirations profondes, et concentrez-vous sur les choses pour lesquelles vous êtes reconnaissant. Visualisez vos bénédictions financières et ressentez les émotions positives associées. Pendant que vous méditez, imaginez que votre gratitude s'étend, attirant encore plus d'abondance dans votre vie.

4. **Créez une Affirmation de Gratitude** : Développez une affirmation spécifique qui exprime votre gratitude pour votre abondance actuelle. Par exemple, vous pourriez dire : "Je suis profondément reconnaissant pour la richesse et les ressources que j'ai, et j'accueille davantage d'abondance dans ma vie." Répétez cette affirmation tout au long de la journée pour renforcer vos sentiments de gratitude.

5. **Célébrez les Petits Succès** : Souvent, nous négligeons les petits succès financiers parce que nous sommes concentrés sur des objectifs plus grands. Prenez l'habitude de célébrer chaque réussite financière, aussi petite soit-elle. Avez-vous trouvé une réduction sur quelque chose dont vous aviez besoin ? Avez-vous reçu un cadeau ou un bonus inattendu ? Prenez un moment pour apprécier ces bénédictions et les reconnaître comme des signes de l'abondance dans votre vie.

6. **Partagez Votre Abondance** : La gratitude est amplifiée lorsque vous partagez vos bénédictions avec les autres. Pratiquez la générosité en donnant aux autres, que ce soit par des dons, des cadeaux, ou des actes de gentillesse. Partager votre abondance non seulement répand une énergie positive mais renforce également la croyance qu'il y a plus qu'assez pour tout le monde.

7. **Concentrez-vous sur ce que Vous Avez, Pas sur ce qui Vous Manque** : Chaque fois que vous vous inquiétez pour l'argent ou que vous avez l'impression de ne pas en avoir assez, changez consciemment votre focus sur ce que vous avez. Rappelez-vous les ressources financières et les opportunités déjà présentes dans votre vie. Ce changement de perspective peut aider à apaiser l'anxiété et à cultiver un sentiment de paix et de contentement.

8. **Exprimez de la Gratitude aux Autres** : Prenez le temps d'exprimer votre gratitude aux personnes qui contribuent à votre bien-être financier. Cela pourrait être votre employeur, vos clients, vos partenaires commerciaux, ou même vos amis et votre famille qui vous soutiennent. Un simple merci peut grandement contribuer à favoriser des relations positives et à attirer plus d'abondance dans votre vie.

9. **Visualisez Votre Abondance en Croissance** : En plus d'être reconnaissant pour ce que vous avez, visualisez votre abondance actuelle en expansion. Imaginez vos économies croître, vos

investissements augmenter, et de nouvelles opportunités se présenter. Cette visualisation, combinée à la gratitude, aide à créer une force magnétique puissante qui attire plus de richesse.

L'Effet Domino de la Gratitude

Au fur et à mesure que vous pratiquez la gratitude de manière constante, vous commencerez à remarquer un effet domino dans votre vie. Non seulement vous attirerez plus d'abondance financière, mais vous éprouverez également plus de joie, de satisfaction, et de tranquillité d'esprit. La gratitude déplace votre focus de ce qui manque à ce qui est présent, vous permettant de pleinement profiter de la richesse que vous avez déjà.

Cette énergie positive n'affecte pas seulement votre vie financière ; elle améliore également votre bien-être général. Vous constaterez que vos relations s'améliorent, que vos niveaux de stress diminuent, et que votre vision de la vie devient plus optimiste. La gratitude ouvre la porte à une meilleure qualité de vie, où l'abondance ne concerne pas seulement l'argent, mais aussi l'épanouissement, le bonheur, et la paix intérieure.

Intégrer la Gratitude dans Votre Pratique de Manifestation

La gratitude est un complément puissant à d'autres techniques de manifestation, telles que la visualisation et les affirmations. Lorsque vous combinez la gratitude avec ces pratiques, vous amplifiez leur efficacité et créez une base solide pour attirer richesse et abondance.

Par exemple, après avoir visualisé vos objectifs financiers, prenez un moment pour exprimer de la gratitude comme si ceux-ci étaient déjà réalisés. Cela renforce le sentiment que vos désirs sont déjà en train de devenir réalité. De même, en répétant vos affirmations de richesse, imprégnez-les de sentiments de gratitude, reconnaissant l'abondance que vous avez déjà.

En faisant de la gratitude une partie centrale de votre pratique de manifestation, vous vous alignez avec l'énergie de l'abondance et posez les bases pour un succès financier continu.

Conclusion

La gratitude pour l'abondance actuelle est une pratique transformative qui peut considérablement améliorer votre capacité à manifester richesse et liberté financière. En vous concentrant sur les ressources et les bénédictions que vous avez déjà, vous créez une énergie positive qui attire davantage de la même chose dans votre vie. N'oubliez pas de tenir un journal de gratitude, de célébrer les petits succès, et d'exprimer régulièrement votre appréciation. À mesure que vous cultivez une habitude de gratitude, vous constaterez que l'abondance circule plus librement, et que vos objectifs financiers deviennent plus faciles à atteindre. La gratitude ne consiste pas seulement à apprécier ce que vous avez ; c'est aussi s'ouvrir aux possibilités infinies de ce que vous pouvez recevoir.

5. Fixez des Objectifs Financiers Clairs :
Définissez clairement vos objectifs
financiers avec des montants
spécifiques et des échéances précises.
Plus vous êtes précis, plus vos efforts
de manifestation seront ciblés.

Fixer des objectifs financiers clairs est une étape cruciale pour manifester la richesse et l'abondance. Lorsque vous définissez vos objectifs avec précision et que vous leur assignez des montants et des délais spécifiques, vous créez une feuille de route pour votre parcours de manifestation. Cette clarté vous aide à concentrer votre énergie, vos pensées et vos actions, ce qui facilite l'alignement de l'univers avec vos désirs et leur réalisation dans votre vie. Dans ce chapitre, nous explorerons l'importance de fixer des objectifs financiers clairs, comment le faire efficacement et comment rester engagé pour les atteindre.

L'Importance des Objectifs Financiers Clairs

Imaginez partir en voyage sans carte ni destination. Vous pourriez apprécier l'aventure, mais il y a de fortes chances que vous finissiez par errer sans but, sans savoir où vous allez ni comment y arriver. Il en va de même pour votre vie financière. Sans objectifs clairs, vous risquez de vous laisser dériver à travers vos décisions financières, sans savoir vraiment ce que vous voulez ni comment l'obtenir.

Les objectifs financiers clairs agissent comme votre destination et votre feuille de route. Ils vous donnent direction, but et motivation. Lorsque vous savez exactement ce que vous voulez accomplir et d'ici quand, vous pouvez canaliser plus efficacement votre énergie et vos ressources. Cette précision aide à aligner vos pensées, vos actions et l'univers avec les résultats souhaités, augmentant ainsi vos chances de réussite.

De plus, fixer des objectifs financiers clairs présente plusieurs autres avantages :

- **Motivation** : Des objectifs précis vous donnent quelque chose de concret vers lequel travailler, vous gardant motivé et concentré.
- **Responsabilité** : Des objectifs clairs facilitent le suivi de vos progrès et vous permettent de vous responsabiliser.
- **Prise de Décision** : Avec des objectifs clairs en tête, vous pouvez prendre de meilleures décisions financières qui s'alignent sur vos objectifs à long terme.
- **Surmonter les Obstacles** : Lorsque des défis surgissent, des objectifs clairs vous aident à rester engagé et à trouver des solutions plutôt que d'abandonner.

Comment Fixer des Objectifs Financiers Clairs

Pour définir des objectifs financiers efficaces, il est important d'être spécifique, réaliste et de se fixer des délais. Voici un guide étape par étape pour vous aider à définir vos objectifs avec clarté et détermination :

1. **Identifiez Vos Priorités Financières** : Commencez par identifier ce qui est le plus important pour vous sur le plan financier. Voulez-vous rembourser des dettes, constituer un fonds d'urgence, économiser pour une maison, investir pour la retraite ou démarrer une entreprise ? Connaître vos priorités vous aidera à vous concentrer sur les objectifs qui comptent le plus pour vous.

2. **Soyez Spécifique** : Des objectifs vagues comme "Je veux économiser de l'argent" ou "Je veux être financièrement en sécurité" sont difficiles à atteindre car ils manquent de spécificité. Définissez

plutôt vos objectifs en termes précis. Par exemple, "Je veux économiser 10 000 € pour un apport sur une maison dans les 12 prochains mois" est un objectif spécifique qui vous donne une cible claire.

3. **Fixez des Montants Mesurables** : Associez un montant précis à chacun de vos objectifs financiers. Que ce soit pour économiser, investir ou rembourser une dette, connaître le montant exact dont vous avez besoin vous aide à planifier et à suivre vos progrès. Par exemple, au lieu de dire "Je veux rembourser ma dette", fixez un objectif comme "Je veux rembourser 5 000 € de dette de carte de crédit d'ici le 31 décembre".

4. **Établissez des Délais** : Les délais créent un sentiment d'urgence et vous aident à rester sur la bonne voie. Lors de la fixation des délais, tenez compte de votre situation financière actuelle et du temps dont vous avez besoin pour atteindre chaque objectif. Par exemple, "Je vais économiser 1 000 € d'ici la fin de ce trimestre" vous donne un calendrier clair.

5. **Décomposez les Grands Objectifs** : Les grands objectifs financiers peuvent sembler écrasants, il est donc utile de les décomposer en étapes plus petites et gérables. Par exemple, si votre objectif est d'économiser 20 000 € pour une rénovation de maison en deux ans, décomposez-le en cibles d'épargne mensuelles ou trimestrielles. Cela rend l'objectif plus réalisable et vous permet de célébrer les petites victoires en cours de route.

6. **Alignez Vos Objectifs avec Vos Valeurs** : Assurez-vous que vos objectifs financiers sont en harmonie avec vos valeurs personnelles et votre vision à long terme de votre vie. Lorsque vos objectifs sont en accord avec vos valeurs, vous êtes plus susceptible de rester engagé et motivé. Par exemple, si la sécurité familiale est une valeur fondamentale, fixer un objectif pour constituer un fonds d'urgence solide sera plus significatif.

7. **Écrivez-les** : Écrire vos objectifs est un acte d'engagement puissant. Cela rend vos objectifs tangibles et sert de rappel constant de ce vers quoi vous travaillez. Gardez vos objectifs écrits dans un endroit visible, comme sur votre bureau ou dans votre agenda, afin de pouvoir les consulter régulièrement.

8. **Priorisez Vos Objectifs** : Si vous avez plusieurs objectifs financiers, priorisez-les en fonction de leur urgence et de leur importance. Concentrez-vous sur un ou deux objectifs à la fois pour éviter de vous sentir submergé. Par exemple, le remboursement d'une dette à taux d'intérêt élevé pourrait passer avant l'épargne pour des vacances.

Rester Engagé envers Vos Objectifs Financiers

Fixer des objectifs financiers clairs n'est que la première étape. Le véritable défi réside dans le fait de rester engagé et de les mener à bien. Voici quelques stratégies pour vous aider à rester sur la bonne voie :

1. **Créez un Plan d'Action Financier** : Élaborer un plan d'action détaillé qui décrit les étapes que vous devez suivre pour atteindre chaque objectif. Cela peut inclure la création d'un budget, la mise en place de transferts automatiques vers des comptes d'épargne ou la réduction des dépenses inutiles. Un plan bien conçu fournit un chemin clair et réduit les risques de déviation.

2. **Suivez Vos Progrès** : Surveillez régulièrement vos progrès vers vos objectifs. Utilisez une feuille de calcul, une application de budgétisation ou un planificateur financier pour suivre combien vous avez économisé, remboursé ou investi. Voir vos progrès peut renforcer votre motivation et vous aider à ajuster si nécessaire.

3. **Célébrez les Étapes** : Reconnaissez et célébrez les étapes que vous atteignez en cours de route. Que ce soit rembourser une partie de votre dette ou atteindre un objectif d'épargne, célébrer vos réussites vous garde motivé et renforce votre engagement envers vos objectifs.

4. **Restez Flexible** : La vie est imprévisible et les circonstances peuvent changer. Si vous rencontrez des revers ou des dépenses imprévues, ne vous découragez pas. Ajustez vos objectifs et vos délais si nécessaire, et restez concentré sur l'objectif à long terme. La flexibilité vous permet de vous adapter tout en maintenant votre engagement envers le succès financier.

5. **Visualisez Votre Réussite** : Visualisez régulièrement l'atteinte de vos objectifs financiers. Imaginez ce que ce sera d'être sans dette, d'avoir un compte de retraite bien garni ou de posséder la maison de vos rêves. La visualisation renforce votre engagement et garde vos objectifs en tête.

6. **Cherchez du Soutien et de l'Responsabilité** : Partagez vos objectifs financiers avec un ami de confiance, un membre de la famille ou un conseiller financier. Avoir quelqu'un pour vous soutenir et vous responsabiliser peut faire une différence significative dans votre engagement. Vous pouvez même envisager de rejoindre un groupe de soutien financier ou une communauté en ligne où les membres partagent leurs progrès et leurs défis.

7. **Révisez et Revisez Vos Objectifs** : Examinez périodiquement vos objectifs financiers pour vous assurer qu'ils sont toujours pertinents et alignés avec votre situation actuelle. La vie change, tout comme vos priorités financières. Revoir vos objectifs vous permet de faire les ajustements nécessaires et de rester concentré sur ce qui est le plus important.

L'Impact des Objectifs Financiers Clairs

Lorsque vous fixez des objectifs financiers clairs, vous prenez le contrôle de votre destin financier. Vous passez d'une approche passive de l'argent—où vous réagissez à tout ce qui se présente à vous—à une approche active, où vous façonnez votre avenir financier avec intention et détermination. Ce changement de mentalité vous donne le pouvoir de prendre des décisions financières plus intelligentes, de saisir des opportunités et de surmonter les défis avec confiance.

De plus, des objectifs financiers clairs procurent un sentiment de direction et d'accomplissement. À mesure que vous atteignez chaque objectif, aussi petit soit-il, vous créez un élan et une confiance en votre capacité à créer la vie financière que vous désirez. Ce succès en engendre d'autres, renforçant ainsi votre croyance en la puissance de la fixation d'objectifs et de la manifestation.

Conclusion

Fixer des objectifs financiers clairs est une étape fondamentale pour manifester la richesse et l'abondance. En définissant vos objectifs avec des montants spécifiques et des délais précis, vous créez un chemin ciblé qui guide vos actions et vos décisions. N'oubliez pas de rendre vos objectifs spécifiques, mesurables et alignés avec vos valeurs. Restez engagé en suivant vos progrès, en célébrant les étapes, et en restant flexible face aux défis. À mesure que vous atteignez chaque objectif, vous vous rapprocherez de la liberté financière et de l'abondance que vous désirez. Avec des objectifs clairs en place, vous pouvez manifester en toute confiance la richesse et le succès qui correspondent à votre vision de la vie.

6. Pratiquez le détachement : Tout en vous concentrant sur vos objectifs financiers, exercez-vous à vous détacher du résultat. Ayez confiance que l'univers pourvoira, sans vous obséder sur le "comment" et le "quand".

Le processus de manifestation de l'abondance financière est un équilibre délicat entre la définition d'intentions claires et le lâcher-prise quant au résultat. Bien qu'il soit crucial de se concentrer sur vos objectifs financiers avec clarté et détermination, un aspect tout aussi important de la manifestation est la pratique du détachement. Le détachement signifie avoir confiance que l'univers fournira ce que vous désirez sans devenir obsédé par le "comment" et le "quand". Dans ce chapitre, nous allons explorer le concept de détachement, pourquoi il est essentiel et comment le cultiver dans votre parcours de manifestation financière.

Comprendre le détachement

Le détachement est l'art de lâcher prise tout en conservant une attente positive que vos désirs se manifesteront. Il s'agit de renoncer à la nécessité de contrôler chaque détail de la réalisation de vos objectifs et, à la place, de faire confiance au processus. Lorsque vous pratiquez le détachement, vous maintenez votre attention sur vos objectifs sans vous laisser emporter par l'anxiété, le doute ou l'impatience.

Le détachement ne signifie pas indifférence ou manque d'intérêt pour vos objectifs. Au contraire, c'est un état de confiance où vous savez que ce que vous voulez est déjà en route, même si vous ne le voyez pas encore. Il s'agit de libérer les résistances et de permettre à l'univers de faire sa magie pour concrétiser vos désirs.

Pourquoi le détachement est essentiel

Le détachement est une partie vitale du processus de manifestation pour plusieurs raisons :

1. Réduit la résistance : Lorsque vous devenez trop attaché à un résultat spécifique, vous pouvez involontairement créer de la résistance. Cette résistance découle souvent de la peur, du doute ou du besoin de contrôler comment les choses se déroulent. Plus vous résistez, plus vous bloquez le flux de l'abondance. Le détachement, en revanche, élimine cette résistance, permettant à vos désirs de se manifester plus librement.

2. Favorise la confiance et la foi : Le détachement est une expression de confiance dans l'univers. Cela indique que vous croyez que vos désirs sont pris en charge, même si vous ne voyez pas encore les preuves. Cette confiance crée une énergie positive et ouverte qui s'aligne avec la fréquence de l'abondance.

3. Encourage la flexibilité : Lorsque vous êtes attaché à un résultat spécifique, vous pourriez passer à côté d'autres opportunités qui pourraient mener à des résultats encore meilleurs. Le détachement vous permet de rester ouvert et flexible, reconnaissant que l'univers peut avoir un plan différent (et souvent meilleur) pour la manifestation de vos désirs.

4. Réduit le stress et l'anxiété : S'obséder sur la manière et le moment où vos objectifs se réaliseront peut entraîner du stress et de l'anxiété, ce qui est contre-productif pour la manifestation.

Le détachement aide à atténuer ce stress, créant un
sentiment de paix et de calme propice à la
manifestation de vos désirs.

5.   S'aligne avec le flux de la vie : La vie est en
     constante évolution. Le détachement vous permet
     de suivre les rythmes naturels de la vie plutôt que
     de lutter contre eux. Cet alignement facilite la
     concrétisation de vos objectifs de la bonne manière
     et au bon moment.

Comment cultiver le détachement

Cultiver le détachement nécessite de la pratique et un
changement d'état d'esprit. Voici quelques stratégies pour
vous aider à lâcher prise et à faire confiance au processus
de manifestation :

1.   Fixez vos intentions et lâchez prise : Une fois que
     vous avez fixé des objectifs financiers clairs, prenez
     le temps de les visualiser et de les affirmer. Ensuite,
     relâchez-les dans l'univers avec la compréhension
     qu'ils se manifesteront de la meilleure façon
     possible. Imaginez placer vos désirs dans une "boîte
     de commande universelle" et faites confiance au
     fait qu'ils sont pris en charge.

2.   Faites confiance au processus : Cultivez un profond
     sentiment de confiance en l'univers et en sa
     capacité à vous apporter ce que vous désirez.
     Rappelez-vous que l'univers travaille toujours en
     coulisses, même si vous ne voyez pas de résultats
     immédiats. Faites confiance au fait que tout se

déroule parfaitement, même si cela ne semble pas être le cas à la surface.

3. Concentrez-vous sur le moment présent : Au lieu de vous inquiéter pour l'avenir ou pour le résultat de vos objectifs, concentrez-vous sur le moment présent. Impliquez-vous pleinement dans les actions que vous entreprenez aujourd'hui pour avancer vers vos objectifs et profitez du voyage. Le moment présent est là où réside votre pouvoir, et en y restant ancré, vous pouvez réduire l'anxiété liée à l'avenir.

4. Pratiquez le non-attachement aux résultats spécifiques : Bien qu'il soit important d'avoir des objectifs clairs, évitez de devenir trop attaché à un résultat ou à un calendrier spécifique. Soyez ouvert à la possibilité que l'univers puisse avoir un meilleur plan ou un meilleur timing pour vos désirs. Affirmez que vous êtes ouvert à recevoir vos objectifs "cela ou quelque chose de mieux" en temps divin.

5. Embrassez l'incertitude : La vie est par nature incertaine, et c'est normal. Acceptez l'inconnu comme une partie de l'aventure de la vie. Lorsque vous acceptez l'incertitude, vous êtes mieux à même de suivre le processus plutôt que d'essayer de contrôler chaque aspect. Cette ouverture invite l'univers à vous surprendre de manière merveilleuse.

6. Relâchez le besoin de résultats immédiats : Comprenez que la manifestation n'est pas toujours

instantanée. La patience est un élément clé du détachement. Rappelez-vous que les choses se passent en coulisses, même si vous ne voyez pas de résultats immédiats. Faites confiance au fait que le timing sera parfait lorsque vos désirs se manifesteront.

7. Méditez sur le lâcher-prise : La méditation est un outil puissant pour cultiver le détachement. Pratiquez des techniques de méditation qui se concentrent sur le lâcher-prise et l'abandon à l'univers. Pendant la méditation, visualisez-vous en train de lâcher vos désirs et de les placer entre les mains de l'univers.

8. Restez ouvert aux synchronicités : Soyez attentif aux signes et aux synchronicités que l'univers pourrait vous envoyer. Ceux-ci viennent souvent sous des formes inattendues, vous guidant vers vos objectifs de manière que vous n'aviez pas envisagée. Reconnaissez ces signes comme des assurances que vos désirs sont pris en charge.

9. Affirmez le détachement : Créez des affirmations qui renforcent votre engagement envers le détachement. Par exemple, vous pourriez dire : "Je fais confiance à l'univers pour m'apporter exactement ce dont j'ai besoin au moment parfait" ou "Je lâche prise et laisse l'abondance venir à moi sans effort".

10. Trouvez la joie dans le processus : Concentrez-vous sur le fait de trouver de la joie et de l'épanouissement dans le cheminement vers vos

objectifs, plutôt que de vous fixer uniquement sur la destination. Lorsque vous appréciez le processus, vous lâchez naturellement le besoin de précipiter ou de forcer les choses à se produire. L'énergie joyeuse est hautement magnétique et attire plus d'expériences positives dans votre vie.

L'équilibre entre concentration et détachement

Il est important de noter que le détachement ne signifie pas négliger vos objectifs ou ne pas agir. La clé est de trouver un équilibre entre rester concentré sur vos intentions et lâcher prise sur le besoin de contrôler le résultat. Cet équilibre implique :

- Agir avec inspiration : Continuez à faire des pas vers vos objectifs, mais faites-le depuis un lieu d'inspiration plutôt que de désespoir. Faites confiance au fait que les actions que vous entreprenez vous mènent vers vos désirs, même si les résultats ne sont pas immédiats.

- Maintenir une vision claire : Gardez vos objectifs clairs dans votre esprit, mais tenez-les légèrement. Visualisez et affirmez vos objectifs régulièrement, mais sans vous obséder sur les détails de leur manifestation.

- Être reconnaissant pour le présent : Cultivez la gratitude pour là où vous êtes en ce moment, même si vous travaillez vers là où vous voulez être. La gratitude pour le moment présent crée une énergie positive qui accélère la manifestation.

- Faire confiance au timing divin : Comprenez que tout arrive en temps divin. Ce qui peut sembler être un retard est souvent la façon dont l'univers aligne les circonstances parfaites pour que vos objectifs se manifestent.

L'impact du détachement sur votre parcours de manifestation

En pratiquant le détachement, vous remarquerez probablement un changement dans votre expérience de manifestation. Vous pourriez constater que les choses commencent à couler plus harmonieusement, et que vous vous sentez moins stressé et plus en paix avec le processus. Le détachement vous permet de vous aligner plus étroitement avec le flux naturel de l'univers, facilitant ainsi la manifestation de vos désirs de manière souvent plus favorable que ce que vous aviez initialement imaginé.

Vous découvrirez également que le détachement vous libère du fardeau de vouloir tout contrôler dans votre vie. Cette liberté vous permet de vivre plus de joie, de créativité et d'épanouissement, qui sont toutes des émotions à haute fréquence qui attirent l'abondance.

Conclusion

Pratiquer le détachement est un élément vital pour manifester avec succès. Bien qu'il soit important de fixer des objectifs financiers clairs et d'agir en leur direction, il est tout aussi important de lâcher prise sur le besoin de contrôler le résultat. En faisant confiance à l'univers, en vous concentrant sur le moment présent et en acceptant l'incertitude, vous créez un environnement puissant pour que vos désirs se manifestent. Rappelez-vous que l'univers a souvent un plan meilleur que celui que vous pouvez imaginer, et en pratiquant le détachement, vous vous ouvrez à recevoir toute l'abondance qu'il a à offrir.

7. Entourez-vous d'influences prospères : Immergez-vous dans des environnements, côtoyez des personnes et consommez du contenu qui reflètent l'abondance et la prospérité. Cela influence votre état d'esprit et votre vibration vers la richesse.

Les personnes que vous fréquentez et les environnements dans lesquels vous évoluez ont un impact profond sur votre mentalité, vos croyances et, en fin de compte, votre succès financier. En vous entourant d'influences prospères —qu'il s'agisse de personnes, d'environnements ou de contenus que vous consommez—vous pouvez améliorer de manière significative votre capacité à manifester richesse et abondance. Dans ce chapitre, nous explorerons l'importance des influences prospères, leur impact sur votre vibration et votre état d'esprit, ainsi que des moyens concrets d'intégrer ces influences dans votre vie.

L'Impact des Influences Prospères

Le concept selon lequel "vous êtes la moyenne des cinq personnes que vous côtoyez le plus" est particulièrement pertinent en ce qui concerne votre état d'esprit financier. Les personnes et les environnements qui vous entourent jouent un rôle crucial dans la formation de vos croyances, de vos attitudes et de vos comportements vis-à-vis de l'argent et du succès.

Les influences prospères peuvent élever votre façon de penser, vous inspirer à viser plus haut et remettre en question les croyances limitantes qui pourraient vous freiner. Elles vous offrent des exemples de ce qui est possible et contribuent à normaliser la richesse et l'abondance comme des objectifs atteignables. Voici pourquoi s'entourer d'influences prospères est si puissant :

1. **Changement de Mentalité** : En fréquentant régulièrement des personnes qui pensent et agissent de manière abondante, vous commencez à adopter un état d'esprit similaire. Ce changement

de perspective peut ouvrir de nouvelles possibilités et vous aider à vous libérer d'une mentalité de rareté.

2. **Élévation de Votre Vibration** : Être dans des environnements qui reflètent la richesse et la prospérité élève votre fréquence vibratoire. Comme le semblable attire le semblable, maintenir une vibration élevée vous aligne avec la fréquence de l'abondance, rendant plus facile l'attraction de la richesse dans votre vie.

3. **Expansion de Votre Réseau** : En vous connectant à des individus à succès et partageant les mêmes idées, vous élargissez votre réseau, ouvrant ainsi des portes à des opportunités, des collaborations et des ressources qui peuvent vous aider à atteindre vos objectifs financiers.

4. **Renforcement de la Confiance** : Être entouré de personnes ayant atteint le succès financier peut renforcer votre confiance en votre propre capacité à en faire autant. Leurs histoires de réussite servent de preuve que la richesse est accessible, renforçant votre croyance en votre potentiel.

5. **Inspiration à Passer à l'Action** : Les influences prospères vous inspirent à entreprendre des actions audacieuses vers vos objectifs. Voir les autres réussir vous motive à sortir de votre zone de confort et à poursuivre vos propres rêves avec plus de détermination.

Comment Vous Entourer d'Influences Prospères

Cultiver des influences prospères dans votre vie nécessite des choix intentionnels quant aux personnes que vous côtoyez, aux environnements dans lesquels vous passez du temps et aux contenus que vous consommez. Voici comment commencer à vous entourer d'influences qui reflètent l'abondance et la prospérité :

1. **Côtoyez des Personnes Prospères** : Recherchez des occasions de vous connecter avec des personnes ayant atteint le succès financier auquel vous aspirez. Cela peut être à travers des événements de réseautage, des conférences professionnelles ou des réunions sociales. N'ayez pas peur de contacter des individus à succès pour des conseils, du mentorat ou simplement pour tisser des relations. Vous entourer de personnes qui pensent grand et réussissent grand élèvera naturellement vos propres aspirations.

2. **Rejoignez des Communautés Axées sur la Richesse** : Devenez membre de clubs, d'organisations ou de communautés en ligne qui se concentrent sur la création de richesse, l'entrepreneuriat ou le développement personnel. Ces groupes offrent un environnement de soutien où vous pouvez partager des idées, apprendre des autres et rester motivé dans votre parcours financier.

3. **Participez à des Événements sur la Création de Richesse** : Assistez à des séminaires, des ateliers ou des retraites axés sur la création de richesse, la planification financière ou la croissance des affaires. Ces événements fournissent non seulement des connaissances précieuses, mais vous

connecte également avec des individus
partageant les mêmes idées et engagés dans le
succès financier.

4. **Curatez Votre Fil d'Actualités sur les Réseaux
    Sociaux** : Suivez des influenceurs, des
    entrepreneurs, des experts financiers et des leaders
    d'opinion qui incarnent la richesse et le succès que
    vous désirez. Organisez votre fil d'actualités pour
    qu'il soit rempli de contenus qui vous inspirent et
    vous éduquent dans votre quête d'abondance.
    Cessez de suivre ou mettez en sourdine les comptes
    qui promeuvent la négativité, la pensée de rareté
    ou tout ce qui ne correspond pas à vos objectifs.

5. **Entourez-vous de Contenus Positifs** : Consommez
    des livres, des podcasts et des vidéos qui se
    concentrent sur la création de richesse, la mentalité
    et le développement personnel. Les contenus que
    vous absorbez façonnent vos pensées et croyances,
    alors choisissez-les judicieusement. Lire des
    histoires de succès, des biographies de personnes
    prospères et des ouvrages financiers peut fournir
    des perspectives et une inspiration qui vous
    propulsent vers l'avant.

6. **Immergez-vous dans des Environnements
    Prospères** : Passez du temps dans des lieux qui
    dégagent richesse et abondance. Cela peut être des
    hôtels de luxe, des restaurants haut de gamme ou
    même des quartiers aisés. Vous immerger dans ces
    environnements vous aide à vous acclimater à
    l'énergie de la richesse et à la percevoir comme une
    partie naturelle de votre vie. Cela vous donne

également un avant-goût du style de vie que vous visez, renforçant ainsi votre motivation à l'atteindre.

7. **Investissez en Vous-même** : Envisagez d'investir dans des cours, du coaching ou du mentorat axés sur la création de richesse et la croissance personnelle. Ces investissements vous fournissent non seulement des compétences et des connaissances précieuses, mais vous connectent également à des mentors et des pairs à succès qui peuvent vous guider sur votre chemin.

8. **Créez un Environnement Domestique Prospère** : Votre environnement domestique joue un rôle significatif dans votre état d'esprit et votre énergie. Entourez-vous de symboles d'abondance, tels que des œuvres d'art, de la décoration ou même un tableau de vision qui reflète vos objectifs financiers. Gardez votre espace organisé et exempt de désordre, car un environnement propre favorise la clarté et une mentalité positive.

9. **Pratiquez l'Auto-Encouragement Positif** : La façon dont vous vous parlez est importante. Entourez-vous d'affirmations positives et de rappels de votre potentiel pour la richesse. Écrivez vos affirmations et placez-les à des endroits où vous les verrez régulièrement, comme sur votre miroir, votre bureau ou l'écran de votre téléphone. L'auto-encouragement positif renforce votre croyance en votre capacité à attirer l'abondance.

10. **Limitez l'Exposition à la Négativité** : Soyez attentif à limiter votre exposition aux influences négatives, qu'il s'agisse de nouvelles, de conversations ou de divertissements. Bien qu'il soit important de rester informé, trop de négativité peut abaisser votre vibration et entraver vos efforts de manifestation. Concentrez-vous sur les contenus et les interactions qui vous élèvent et vous responsabilisent.

L'Effet Domino des Influences Prospères

En vous entourant d'influences prospères, vous commencerez à remarquer un effet domino dans divers aspects de votre vie. Votre mentalité passera de la rareté à l'abondance, et vous commencerez à voir des opportunités là où vous ne voyiez auparavant que des obstacles. Votre confiance en votre capacité à atteindre le succès financier grandira, et vous vous retrouverez à prendre des actions plus décisives vers vos objectifs.

De plus, à mesure que votre état d'esprit et votre vibration changent, vous attirerez naturellement plus d'individus et d'opportunités partageant les mêmes idées dans votre vie. L'énergie que vous projetez attirera des personnes qui soutiennent votre parcours et s'alignent sur votre vision du succès. Ce cercle vertueux renforce votre engagement envers la création de richesse et accélère votre progression.

Surmonter les Défis liés à l'Intégration des Influences Prospères

Bien que s'entourer d'influences prospères soit puissant, cela peut aussi présenter des défis, surtout si votre cercle social actuel ou votre environnement ne reflète pas l'abondance que vous désirez. Voici quelques conseils pour surmonter ces défis :

- **Communiquez Vos Intentions** : Si vous changez votre focus vers la richesse et l'abondance, communiquez vos intentions à vos amis et à votre famille actuels. Faites-leur savoir que vous êtes engagé dans la croissance personnelle et le succès financier, et invitez-les à vous rejoindre dans ce voyage. Bien que certains puissent ne pas comprendre pleinement vos objectifs, d'autres pourraient être inspirés à effectuer des changements similaires.

- **Établissez des Limites** : Il est important de définir des limites avec les individus ou les environnements qui ne soutiennent pas vos aspirations financières. Cela ne signifie pas couper les gens de votre vie, mais plutôt limiter le temps et l'énergie que vous consacrez à des interactions qui ne s'alignent pas sur vos objectifs. Protégez votre état d'esprit en choisissant avec soin où et avec qui vous investissez votre énergie.

- **Cherchez de Nouvelles Connexions** : Si votre cercle social actuel ne reflète pas les influences prospères que vous recherchez, faites un effort pour élargir votre réseau. Participez à des événements, rejoignez des communautés en ligne ou recherchez des mentors qui incarnent le succès que vous désirez. Construire de nouvelles connexions prend du temps, mais c'est un investissement précieux pour votre avenir financier.

- **Restez Fidèle à Vos Valeurs** : En intégrant des influences prospères dans votre vie, il est essentiel de rester fidèle à vos valeurs fondamentales. La richesse ne concerne pas seulement l'argent ; il s'agit de vivre une vie épanouissante et alignée sur vos principes. Assurez-vous que les influences dont vous vous entourez reflètent non seulement le succès financier, mais aussi les valeurs qui vous sont chères.

Conclusion

S'entourer d'influences prospères est une stratégie puissante pour manifester l'abondance financière. En côtoyant des personnes, en évoluant dans des environnements et en consommant des contenus qui reflètent la prospérité, vous élevez votre état d'esprit, augmentez votre vibration et vous alignez sur la fréquence de la richesse. N'oubliez pas d'être intentionnel quant aux influences que vous laissez entrer dans votre vie et recherchez activement des opportunités de vous connecter avec des individus et des environnements qui inspirent et soutiennent vos objectifs financiers. En vous immergeant dans des influences prospères, vous constaterez que l'abondance devient une partie naturelle et sans effort de votre vie, accélérant ainsi votre parcours vers le succès financier.

8. Agir Comme Si Vous Étiez Déjà Riche : Commencez à vivre et à prendre des décisions comme si vous aviez déjà la richesse que vous désirez. Cela aligne votre énergie avec la fréquence de l'abondance.

L'un des principes les plus puissants pour manifester la richesse est le concept de « faire comme si ». Cela signifie vivre votre vie et prendre des décisions comme si vous aviez déjà l'abondance financière que vous désirez. En incarnant l'état d'esprit, les comportements et l'énergie d'une personne riche, vous vous alignez avec la fréquence de l'abondance, ce qui facilite l'attraction de la richesse dans votre vie. Dans ce chapitre, nous explorerons ce que signifie agir comme si vous étiez déjà riche, pourquoi c'est si efficace, et des moyens pratiques d'intégrer ce principe dans votre vie quotidienne.

Le Pouvoir d'Agir Comme Si

L'idée derrière « faire comme si » repose sur la compréhension que vos pensées, sentiments et comportements créent votre réalité. Lorsque vous agissez de manière cohérente pour refléter la richesse et l'abondance, vous envoyez un message clair à l'univers que vous êtes prêt à recevoir et à gérer la prospérité financière. Cette pratique ne se contente pas de transformer votre état d'esprit, elle modifie également votre énergie, faisant de vous un aimant pour la richesse que vous recherchez.

Voici pourquoi « faire comme si » est si puissant :

1. **Transformation de l'État d'Esprit** : Agir comme si reprogramme votre cerveau pour penser et ressentir comme une personne riche. Lorsque vous vous comportez constamment comme si vous étiez déjà financièrement prospère, votre subconscient commence à accepter cela comme votre réalité, influençant ainsi vos pensées, actions et décisions.

2. **Attirer l'Abondance** : La loi de l'attraction stipule que ce qui se ressemble s'attire. Lorsque vous incarnez l'énergie de la richesse, vous attirez plus de richesse dans votre vie. Agir comme si aligne votre vibration avec la fréquence de l'abondance, facilitant ainsi l'arrivée de la prospérité financière que vous désirez.

3. **Renforcement de la Confiance** : En agissant comme si vous étiez déjà riche, vous développez la confiance en votre capacité à créer et gérer la richesse. Cette confiance est cruciale car elle influence les décisions que vous prenez et les opportunités que vous poursuivez, qui sont toutes deux essentielles pour atteindre le succès financier.

4. **Briser les Croyances Limitantes** : Beaucoup de personnes sont freinées par des croyances limitantes sur l'argent et leur capacité à atteindre la richesse. Agir comme si vous permet de vous libérer de ces contraintes en renforçant la croyance que vous êtes capable d'atteindre et de maintenir un succès financier.

5. **Créer des Opportunités** : Lorsque vous agissez comme si vous étiez riche, vous commencez à voir et à saisir des opportunités qui s'alignent avec votre réalité financière souhaitée. Vos actions deviennent plus alignées avec vos objectifs, menant à de meilleures décisions et à des stratégies plus efficaces pour construire la richesse.

Comment Agir Comme Si Vous Étiez Déjà Riche

Agir comme si ne signifie pas vivre au-dessus de vos moyens ou prétendre avoir une richesse que vous n'avez pas. Il s'agit plutôt d'adopter l'état d'esprit, les habitudes et les comportements d'une personne riche dans le contexte de votre situation financière actuelle. Voici quelques moyens pratiques d'intégrer ce principe dans votre vie :

1. **Adoptez un État d'Esprit de Riche** : Commencez par changer vos pensées et croyances sur l'argent. Les personnes riches pensent de manière abondante et voient l'argent comme un outil pour créer des opportunités, de la sécurité et du plaisir. Pratiquez la pensée positive en vous concentrant sur les possibilités plutôt que sur les limitations. Remplacez les pensées de pénurie par des pensées d'abondance, et affirmez votre capacité à attirer et gérer la richesse.

2. **Prenez des Décisions Comme une Personne Riche** : Lorsque vous êtes confronté à des décisions financières, demandez-vous : « Que ferait une personne riche ? ». Cela pourrait impliquer d'investir dans votre développement personnel, de choisir la qualité plutôt que la quantité, ou de prendre des décisions qui s'alignent avec le succès financier à long terme plutôt qu'avec des gains à court terme. Agir comme si vous étiez riche signifie prioriser les investissements dans des choses qui apportent de la valeur et s'alignent avec vos objectifs financiers.

3. **Pratiquez la Gratitude pour la Richesse** : Les personnes riches ont souvent une profonde

appréciation pour leurs bénédictions financières.
Cultivez la gratitude pour l'argent et les ressources
que vous avez déjà, et exprimez votre
reconnaissance pour l'abondance que vous
manifestez. Cette attitude de gratitude renforce la
croyance que vous êtes déjà sur le chemin de la
richesse.

4. **Habillez-vous et Présentez-vous avec Confiance** :
    La manière dont vous vous présentez peut
    influencer votre ressenti et la perception des autres
    à votre égard. Habillez-vous de manière à vous
    sentir confiant et réussi, même si c'est dans le
    cadre de votre budget actuel. Faites attention à
    votre apparence et à votre présentation, car ce
    sont des reflets du respect de soi et de la confiance,
    des qualités souvent associées à la richesse.

5. **Entourez-vous de Symboles de Richesse** : Créez un
    environnement qui reflète la richesse que vous
    manifestez. Cela ne signifie pas que vous devez
    dépenser pour des objets coûteux, mais plutôt vous
    entourer de symboles qui représentent
    l'abondance. Cela pourrait être un espace de travail
    bien organisé, une œuvre d'art qui vous inspire, ou
    même un tableau de visualisation qui reflète vos
    objectifs financiers.

6. **Investissez en Vous** : Les personnes riches
    comprennent l'importance d'investir dans leur
    croissance personnelle et professionnelle. Cherchez
    des opportunités pour améliorer vos compétences,
    vos connaissances et votre bien-être. Que ce soit
    en suivant un cours, en participant à des séminaires

ou en pratiquant l'autosoin, investir en vous-même envoie un message puissant que vous valorisez votre croissance et votre succès.

7. **Donnez Généreusement** : Agir comme si vous étiez déjà riche inclut d'incarner la générosité qui accompagne souvent la véritable richesse. Pratiquez la générosité, que ce soit par des dons à des œuvres de charité, en soutenant les autres, ou en partageant votre temps et vos connaissances. La générosité crée un flux d'abondance, renforçant la croyance qu'il y a toujours plus qu'assez pour tout le monde.

8. **Visualisez Votre Vie de Riche** : Passez du temps chaque jour à visualiser votre vie en tant que personne riche. Imaginez le style de vie que vous souhaitez vivre, les expériences que vous voulez avoir, et l'impact que vous voulez créer. Engagez tous vos sens dans cette visualisation, en ressentant les émotions associées au fait de vivre déjà cette vie. La visualisation aide à solidifier la croyance que vous êtes déjà en route pour atteindre vos objectifs financiers.

9. **Pratiquez la Responsabilité Financière** : Les personnes riches ont souvent un sens aigu de la responsabilité financière. Cela inclut la budgétisation, l'épargne, l'investissement et la prise de décisions financières éclairées. Agir comme si vous étiez riche signifie être diligent et discipliné avec vos finances, même en aspirant à une plus grande abondance.

10. **Cultivez un Réseau de Personnes Riches** :
Entourez-vous de personnes qui reflètent la richesse et le succès que vous désirez. Engagez-vous avec des individus qui vous inspirent, vous poussent à grandir, et soutiennent vos objectifs financiers. Construire des relations avec des personnes prospères peut ouvrir des portes à de nouvelles opportunités et fournir des idées précieuses pour bâtir la richesse.

Surmonter les Défis d'Agir Comme Si

Agir comme si vous étiez déjà riche peut sembler difficile, surtout si votre situation financière actuelle ne correspond pas à votre réalité souhaitée. Voici quelques conseils pour surmonter les défis courants :

- **Évitez de Vous Surmener** : Agir comme si vous étiez riche ne signifie pas dépenser de l'argent que vous n'avez pas. Concentrez-vous sur l'état d'esprit et les comportements de richesse plutôt que sur les possessions matérielles. Il s'agit d'incarner l'énergie de l'abondance, et non de s'endetter pour paraître riche.

- **Restez Authentique** : Il est important de rester authentique et fidèle à vous-même en agissant comme si. Ne vous sentez pas obligé d'imiter le style de vie des autres ou de prendre des décisions qui ne sont pas alignées avec vos valeurs. La véritable richesse consiste à vivre une vie qui est épanouissante et significative pour vous, pas à impressionner les autres.

- **Gérez les Doutes et les Peurs** : Des doutes et des peurs peuvent surgir lorsque vous commencez à agir comme si vous étiez riche. Reconnaissez ces sentiments, mais ne les laissez pas contrôler vos actions. Utilisez des affirmations positives, la visualisation et l'introspection pour renforcer votre croyance en votre capacité à manifester la richesse.

- **Soyez Patient** : Manifester la richesse est un voyage qui nécessite du temps et de la patience. Faites confiance au processus et concentrez-vous sur des actions cohérentes qui s'alignent avec vos objectifs financiers. Rappelez-vous que de petites étapes constantes peuvent mener à des progrès significatifs au fil du temps.

L'Effet Domino d'Agir Comme Si

Lorsque vous commencez à agir comme si vous étiez déjà riche, vous remarquerez un changement dans votre vie. Votre état d'esprit deviendra plus positif, votre confiance grandira, et vous commencerez à attirer des opportunités et des ressources qui s'alignent avec vos objectifs financiers. Ce changement d'énergie accélère non seulement votre chemin vers la richesse, mais améliore également votre bien-être général et votre épanouissement.

Avec le temps, la pratique d'agir comme si peut conduire à des changements concrets dans votre situation financière. Vous vous retrouverez à prendre des décisions financières plus intelligentes, à prendre des risques calculés, et à saisir des opportunités qui vous rapprochent de vos objectifs.

Plus vous incarnez l'énergie de la richesse, plus elle devient votre réalité.

Conclusion

Agir comme si vous étiez déjà riche est une technique puissante de manifestation qui aligne vos pensées, actions et énergie avec la fréquence de l'abondance. En adoptant l'état d'esprit et les comportements d'une personne riche, vous créez une force magnétique qui attire la richesse dans votre vie. N'oubliez pas de vous concentrer sur l'état d'esprit, pas seulement sur les aspects matériels, et de rester authentique dans votre parcours. En agissant de manière cohérente comme si vous étiez riche, vous constaterez que la richesse et l'abondance coulent naturellement dans votre vie, vous rapprochant du succès financier que vous désirez.

9. Dépenses Conscientes : Soyez intentionnel dans vos dépenses, en reconnaissant que l'argent est une énergie. Dépensez de manière à vous apporter de la joie et à aligner vos choix avec vos valeurs, renforçant ainsi une relation positive avec l'argent.

L'argent n'est pas seulement un moyen d'échange ; c'est une forme d'énergie qui reflète vos valeurs, vos priorités et votre relation à l'abondance. La manière dont vous dépensez votre argent peut avoir un impact significatif sur votre bien-être financier et sur votre capacité à manifester la richesse. Les dépenses conscientes consistent à être intentionnel et conscient de l'utilisation de vos ressources financières. Cela implique de reconnaître que chaque euro dépensé est un échange d'énergie et qu'en alignant vos dépenses avec vos valeurs et vos objectifs, vous pouvez cultiver une relation plus saine et positive avec l'argent.

Dans ce chapitre, nous allons explorer le concept de dépenses conscientes, comment cela peut améliorer votre vie financière, et des stratégies pratiques pour intégrer cette approche dans votre quotidien.

Le Concept de Dépenses Conscientes

Les dépenses conscientes consistent à prendre des décisions financières avec conscience et intention. Au lieu de dépenser impulsivement ou par habitude, vous prenez le temps de réfléchir à la manière dont vos dépenses s'alignent avec vos valeurs et contribuent à votre bonheur et à vos objectifs financiers globaux. Cette approche vous aide à prendre de meilleures décisions, à réduire le stress financier et à créer une relation plus significative avec l'argent.

Voici pourquoi les dépenses conscientes sont si puissantes :

1. **Alignement avec les Valeurs :** Lorsque vous dépensez de manière consciente, vous vous assurez

que vos choix financiers sont en accord avec vos valeurs et priorités fondamentales. Cet alignement crée un sentiment de satisfaction et d'accomplissement, sachant que votre argent est utilisé de manière à soutenir ce qui compte vraiment pour vous.

2. **Augmentation de la Joie et de la Satisfaction :** Les dépenses conscientes vous encouragent à vous concentrer sur les achats qui apportent une véritable joie et satisfaction. En privilégiant les expériences et les objets qui enrichissent votre vie, vous améliorez votre bien-être général et réduisez les risques de remords d'achat.

3. **Cultiver une Mentalité d'Abondance :** Voir l'argent comme une énergie vous aide à développer une mentalité d'abondance. Au lieu de percevoir l'argent comme quelque chose à accumuler ou à craindre, vous commencez à le voir comme un outil pour créer des expériences positives et soutenir votre croissance et votre bonheur.

4. **Réduction du Stress Financier :** En étant intentionnel dans vos dépenses, vous êtes moins susceptible de trop dépenser ou d'accumuler des dettes inutiles. Cela réduit le stress financier et vous aide à garder le contrôle de vos finances, vous apportant ainsi une plus grande tranquillité d'esprit.

5. **Soutien des Objectifs Financiers :** Les dépenses conscientes garantissent que vos décisions financières contribuent à vos objectifs à long

terme. Que vous épargniez pour un achat important, investissiez pour l'avenir ou remboursiez une dette, les dépenses conscientes vous aident à rester sur la bonne voie et à progresser vers vos objectifs.

Comment Pratiquer les Dépenses Conscientes

Intégrer les dépenses conscientes dans votre vie implique un changement de perspective et le développement de nouvelles habitudes. Voici quelques stratégies pratiques pour vous aider à devenir plus intentionnel avec votre argent :

1. **Identifier vos Valeurs :** Commencez par identifier vos valeurs et priorités fondamentales. Qu'est-ce qui compte le plus pour vous ? Est-ce la sécurité financière, le développement personnel, les voyages, la famille ou rendre à la communauté ? Comprendre vos valeurs guidera vos décisions de dépenses et vous aidera à allouer vos ressources de manière à aligner vos choix avec ce qui est vraiment important pour vous.

2. **Créer un Plan de Dépenses :** Développez un plan de dépenses ou un budget qui reflète vos valeurs et objectifs financiers. Ce plan devrait inclure à la fois vos dépenses nécessaires (comme le logement, les services publics, et les courses) et les dépenses discrétionnaires (comme les loisirs, les sorties, et les hobbies). Avoir un plan clair vous aide à faire des choix intentionnels sur l'endroit où va votre argent et garantit que vos dépenses sont en accord avec vos priorités.

3. **Faire une Pause avant d'Acheter :** Avant de faire un achat, prenez un moment pour faire une pause et réfléchir. Posez-vous des questions comme : « Ai-je vraiment besoin de cela ? », « Cet achat est-il en accord avec mes valeurs ? » et « Cela m'apportera-t-il une joie ou un épanouissement durables ? » Cette pause vous aide à éviter les achats impulsifs et à garantir que vos dépenses sont intentionnelles.

4. **Suivre vos Dépenses :** Suivez vos dépenses pour voir où va votre argent. Cela peut être fait à travers une application de budgétisation, une feuille de calcul ou un simple carnet. Suivre vos dépenses vous permet d'identifier des schémas, de faire des ajustements et de vous assurer que vos décisions financières sont en ligne avec vos valeurs et objectifs.

5. **Privilégier la Qualité à la Quantité :** Les dépenses conscientes impliquent souvent de choisir la qualité plutôt que la quantité. Investissez dans des articles de haute qualité qui dureront plus longtemps et offriront plus de valeur, plutôt que d'opter pour des alternatives moins chères et de moindre qualité. Cette approche permet non seulement d'économiser de l'argent à long terme, mais aussi de réduire le gaspillage et de soutenir la durabilité.

6. **Se Concentrer sur les Expériences, Pas sur les Biens :** Des recherches montrent que dépenser de l'argent pour des expériences plutôt que pour des biens matériels conduit souvent à un plus grand bonheur et satisfaction. Envisagez d'investir dans des expériences qui créent des souvenirs durables,

comme les voyages, l'éducation ou le temps passé avec vos proches. Ces expériences enrichissent votre vie et s'alignent avec l'idée d'utiliser l'argent comme un outil pour le bonheur et l'épanouissement.

7. **Pratiquer la Gratitude pour ce que Vous Avez :** Cultivez un sentiment de gratitude pour l'argent et les ressources que vous avez déjà. Cet état d'esprit réduit l'envie de dépenser par désir de plus et vous aide à apprécier l'abondance dans votre vie. La gratitude renforce la croyance que vous avez suffisamment et que vos ressources financières sont un outil pour améliorer votre vie, pas une source de stress ou d'anxiété.

8. **Éviter la Comparaison et la Pression Sociale :** Dans le monde d'aujourd'hui, il est facile de tomber dans le piège de la comparaison avec les autres, surtout en ce qui concerne l'argent et les possessions. Les dépenses conscientes impliquent de se détacher des pressions extérieures et de se concentrer sur ce qui compte vraiment pour vous. Évitez de faire des achats basés sur les attentes sociales ou le désir de rivaliser avec les autres, et dépensez plutôt de manière à refléter vos propres valeurs et priorités.

9. **Réévaluer Régulièrement vos Dépenses :** Passez en revue périodiquement vos habitudes de dépenses et vos objectifs financiers pour vous assurer qu'ils sont toujours en accord avec vos valeurs. Au fur et à mesure que vos circonstances de vie et vos priorités évoluent, vos habitudes de dépenses peuvent également devoir évoluer. Réévaluer

régulièrement vos dépenses vous aide à rester sur la bonne voie et à continuer à faire des choix intentionnels avec votre argent.

10. **Célébrer les Victoires Financières :** Reconnaissez et célébrez les décisions financières qui vous rapprochent de vos objectifs. Que ce soit épargner de l'argent, rembourser une dette ou faire un achat significatif, reconnaître ces victoires renforce les habitudes de dépenses positives et vous motive à continuer à pratiquer les dépenses conscientes.

L'Effet d'Entrée des Dépenses Conscientes

En commençant à pratiquer les dépenses conscientes, vous remarquerez probablement un effet positif en cascade dans votre vie. Votre relation avec l'argent deviendra plus équilibrée et moins stressante, et vous trouverez plus de satisfaction dans les choses pour lesquelles vous choisissez de dépenser votre argent. En alignant vos dépenses avec vos valeurs, vous créez un sentiment d'harmonie entre votre vie financière et votre bien-être global.

De plus, les dépenses conscientes peuvent mener à une meilleure santé financière. Lorsque vous dépensez avec intention, vous êtes moins susceptible de trop dépenser ou d'accumuler des dettes inutiles. Cela vous aide à épargner, à investir dans votre avenir et à atteindre la sécurité financière. Avec le temps, ces habitudes contribuent à une vie plus abondante et épanouissante.

Surmonter les Défis des Dépenses Conscientes

Pratiquer les dépenses conscientes peut être difficile, surtout dans une culture qui encourage souvent le consumérisme et la gratification instantanée. Voici quelques conseils pour surmonter les obstacles courants :

- **Gérer les Achats Impulsifs :** Si vous avez du mal avec les achats impulsifs, essayez d'implémenter une « période de réflexion » avant de faire des achats non essentiels. Attendez 24 heures (ou plus) avant de prendre une décision, ce qui vous donne le temps de réfléchir à savoir si l'achat s'aligne avec vos valeurs et apporte une joie durable.

- **Gérer la Pression Sociale :** La pression sociale peut avoir une influence significative sur les habitudes de dépenses. Si vous vous sentez pressé de dépenser de manière non alignée avec vos valeurs, entraînez-vous à dire non ou à suggérer des activités alternatives qui correspondent mieux à vos objectifs financiers. Entourez-vous de personnes qui respectent vos limites financières et soutiennent vos habitudes de dépenses conscientes.

- **Gérer les Dépenses Émotionnelles :** Les dépenses émotionnelles sont courantes, surtout en période de stress, d'ennui ou de tristesse. Au lieu de vous tourner vers les achats pour vous réconforter, trouvez d'autres moyens de faire face à vos émotions, comme l'exercice, la méditation ou discuter avec un ami. Reconnaître les déclencheurs émotionnels derrière vos dépenses peut vous aider à développer des mécanismes de coping plus sains.

- **Rester Cohérent :** Comme pour toute habitude, les dépenses conscientes nécessitent de la cohérence. Il est facile de retomber dans d'anciens schémas de dépenses, surtout en période de stress ou face à la tentation. Restez engagé envers vos valeurs et objectifs financiers, et rappelez-vous les bénéfices des dépenses conscientes chaque fois que vous vous sentez tenté de dévier.

Conclusion

Les dépenses conscientes sont une pratique puissante qui peut transformer votre relation avec l'argent et améliorer votre bien-être général. En étant intentionnel dans vos dépenses et en alignant vos décisions financières avec vos valeurs, vous créez une approche positive et équilibrée de l'argent qui soutient vos objectifs à long terme. Souvenez-vous que l'argent est une énergie, et la manière dont vous choisissez de le dépenser reflète vos priorités et influence votre avenir financier. En adoptant les dépenses conscientes, vous trouverez plus de satisfaction, de santé financière, et un profond sentiment d'abondance dans votre vie.

10. Méditation Quotidienne sur l'Argent : Intégrez une pratique de méditation quotidienne axée sur la richesse et l'abondance. Visualisez l'argent affluant dans votre vie et ressentez les émotions associées à sa possession.

La méditation est un outil puissant pour cultiver un état d'esprit d'abondance et attirer la richesse dans votre vie. En intégrant une pratique quotidienne de méditation sur l'argent, vous ne faites pas que rester en silence : vous alignez activement vos pensées, vos émotions et votre énergie sur la fréquence de l'abondance financière. En visualisant l'argent affluant dans votre vie et en vous imprégnant des émotions positives associées à la richesse, vous créez un puissant aimant pour attirer la prospérité. Dans ce chapitre, nous explorerons les bienfaits de la méditation quotidienne sur l'argent, comment créer une pratique qui fonctionne pour vous, et des techniques spécifiques pour améliorer votre expérience de méditation.

Les Bienfaits de la Méditation Quotidienne sur l'Argent

La méditation quotidienne sur l'argent offre de nombreux avantages qui vont bien au-delà de l'attraction de l'abondance financière. Cette pratique vous aide à développer une relation saine et positive avec l'argent, à réduire le stress et l'anxiété liés aux finances, et à renforcer votre croyance en votre capacité à manifester la richesse. Voici quelques avantages clés de l'intégration d'une pratique quotidienne de méditation sur l'argent :

1. **Alignement avec l'Abondance** : La méditation vous aide à aligner vos pensées et votre énergie sur la fréquence de l'abondance. En vous concentrant régulièrement sur la richesse et la prospérité, vous entraînez votre esprit à reconnaître les opportunités et à attirer l'argent dans votre vie.

2. **Réduction du Stress** : L'argent est une source courante de stress pour beaucoup de gens. La méditation aide à calmer l'esprit, à réduire l'anxiété et à créer un sentiment de paix et de clarté autour des questions financières. Cet état de relaxation vous permet d'aborder les décisions financières avec plus de confiance et de sérénité.

3. **Changement de Mentalité** : La méditation quotidienne sur l'argent peut vous aider à passer d'une mentalité de rareté à une mentalité d'abondance. Au fil du temps, vous commencerez à penser plus positivement à l'argent, à voir des opportunités là où vous voyiez autrefois des obstacles, et à vous sentir plus confiant dans votre capacité à créer le succès financier.

4. **Connexion Émotionnelle à la Richesse** : La visualisation et la méditation vous permettent de vivre les émotions associées à la richesse, telles que la joie, la sécurité et la liberté. Ces émotions positives renforcent votre désir d'abondance et rendent l'expérience de la richesse plus réelle et accessible.

5. **Concentration et Clarté Accrues** : La méditation améliore votre capacité à vous concentrer, ce qui peut améliorer votre planification financière, votre prise de décision et la définition de vos objectifs. Avec un esprit clair, vous êtes mieux équipé pour identifier et poursuivre des opportunités alignées sur vos objectifs financiers.

6. **Attraction des Opportunités** : En méditant régulièrement sur la richesse et l'abondance, vous créez un champ d'énergie puissant qui attire les opportunités financières dans votre vie. Cela peut se manifester sous forme de nouvelles sources de revenus, de gains inattendus, ou de connexions bénéfiques avec des personnes pouvant vous aider à atteindre vos objectifs.

Comment Créer une Pratique Quotidienne de Méditation sur l'Argent

Créer une pratique quotidienne de méditation sur l'argent consiste à trouver une routine qui résonne avec vous et qui s'intègre dans votre mode de vie. Voici quelques étapes pour vous aider à établir et à maintenir une pratique réussie :

1. **Choisissez un Moment et un Endroit** : La cohérence est essentielle pour la méditation. Choisissez un moment spécifique chaque jour pour pratiquer votre méditation sur l'argent, que ce soit le matin, pendant une pause déjeuner ou avant de vous coucher. Trouvez un endroit calme et confortable où vous ne serez pas dérangé, et faites-en votre espace de méditation désigné.

2. **Fixez une Intention** : Avant de commencer votre méditation, définissez une intention claire de ce que vous voulez accomplir. Cela pourrait être quelque chose comme : « J'ai l'intention d'attirer l'abondance financière dans ma vie » ou « Je suis ouvert à recevoir la richesse et la prospérité ». Fixer

une intention aide à focaliser votre esprit et à diriger votre énergie vers votre objectif.

3. **Commencez par la Relaxation** : Commencez votre méditation en prenant quelques respirations profondes pour détendre votre corps et calmer votre esprit. Fermez les yeux, asseyez-vous confortablement, et laissez toute tension se dissiper à chaque expiration. Cette relaxation vous aide à entrer dans un état réceptif où vous pouvez pleinement vous engager dans le processus de méditation.

4. **Visualisez l'Abondance** : La visualisation est un élément clé de la méditation sur l'argent. Imaginez l'argent affluant dans votre vie sous différentes formes : peut-être sous forme de billets, de chèques ou de dépôts sur votre compte bancaire. Visualisez-vous en train de vivre la liberté financière, de rembourser des dettes, de faire des achats importants, ou de donner généreusement aux autres. Plus votre visualisation est détaillée et vivante, plus elle sera puissante.

5. **Engagez vos Émotions** : En visualisant l'argent et la richesse, concentrez-vous sur les émotions associées à leur possession. Ressentez la joie, la gratitude et la sécurité que procure l'abondance financière. Laissez ces émotions vous envahir et remplir tout votre être. La connexion émotionnelle est ce qui renforce vos efforts de manifestation et aligne votre énergie sur la fréquence de la richesse.

6. **Utilisez des Affirmations** : Pendant votre méditation, incorporez des affirmations positives qui renforcent votre mentalité de richesse. Des phrases comme « Je suis un aimant à argent », « La richesse afflue vers moi sans effort », ou « Je suis financièrement libre et abondant » peuvent aider à ancrer vos intentions et croyances. Répétez ces affirmations en silence ou à voix haute pendant que vous méditez.

7. **Concentrez-vous sur le Flux d'Énergie** : Imaginez l'argent comme un flux d'énergie qui circule librement et abondamment dans et hors de votre vie. Visualisez cette énergie comme une lumière brillante et rayonnante qui vous entoure, vous remplissant de pouvoir pour attirer et créer de la richesse. Cette focalisation sur l'énergie vous aide à voir l'argent non seulement comme un objet physique, mais comme une force dynamique que vous pouvez diriger et maîtriser.

8. **Terminez par la Gratitude** : Concluez votre méditation en exprimant de la gratitude pour l'abondance qui est déjà dans votre vie et pour la richesse qui est en route vers vous. La gratitude amplifie l'énergie positive de votre méditation et renforce votre croyance dans le processus de manifestation. Prenez un moment pour remercier l'univers de vous offrir des opportunités financières et de la prospérité.

9. **Revenez Doucement à la Vie Quotidienne** : Après votre méditation, prenez quelques instants pour ramener lentement votre conscience au moment

présent. Ouvrez les yeux, étirez-vous, et réfléchissez à l'expérience. Emportez avec vous les sentiments d'abondance et de positivité tout au long de la journée, sachant que vous êtes aligné sur l'énergie de la richesse.

Techniques Spécifiques de Méditation sur l'Argent

Pour améliorer votre pratique quotidienne de méditation sur l'argent, envisagez d'incorporer ces techniques spécifiques :

1. **Méditation Guidée sur l'Argent** : Utilisez des enregistrements de méditation guidée axés sur la richesse et l'abondance. Ces enregistrements peuvent vous aider à rester concentré et à offrir une expérience de méditation structurée. Vous pouvez trouver des méditations guidées sur l'argent en ligne ou créer les vôtres en enregistrant votre voix lisant un script aligné sur vos objectifs financiers.

2. **Méditation des Chakras pour la Richesse** : Concentrez-vous sur votre chakra racine (situé à la base de votre colonne vertébrale), qui est associé à la sécurité financière et à la stabilité. Visualisez ce chakra brillant d'une lumière rouge vive, symbolisant votre connexion à la terre et votre capacité à attirer et à conserver la richesse. Pendant que vous méditez, imaginez cette lumière devenir de plus en plus forte et vibrante, vous remplissant d'un sentiment d'ancrage et de force financière.

3. **Méditation avec Mantra** : Choisissez un mantra lié
    à l'argent, tel que « Om Shreem Maha Lakshmiyei
    Namaha » (un mantra pour invoquer l'énergie de la
    déesse hindoue de la richesse, Lakshmi), et
    répétez-le en silence ou à voix haute pendant votre
    méditation. La répétition du mantra aide à focaliser
    votre esprit et à infuser votre champ énergétique
    des vibrations de l'abondance.

4. **Méditation avec Tableau de Visualisation** : Créez
    un tableau de vision qui représente vos objectifs et
    désirs financiers. Pendant votre méditation,
    concentrez-vous sur les images et les mots de votre
    tableau de visualisation, les imaginant prendre vie.
    Cette technique combine la puissance de la
    visualisation avec un rappel tangible de vos
    objectifs.

5. **Méditation Axée sur la Respiration** : Combinez
    votre méditation avec une respiration profonde et
    intentionnelle. En inspirant, imaginez que vous
    respirez l'abondance et la richesse. En expirant,
    libérez toutes les peurs ou croyances limitantes sur
    l'argent. Cette respiration rythmée aide à renforcer
    le flux d'énergie positive et à éliminer les blocages
    qui pourraient entraver votre succès financier.

Surmonter les Défis de la Méditation sur l'Argent

Comme toute pratique, la méditation quotidienne sur
l'argent peut comporter des défis. Voici quelques conseils
pour vous aider à rester constant et à surmonter les
obstacles courants :

- **Gérer les Pensées Distrayantes** : Il est normal que votre esprit vagabonde pendant la méditation. Lorsque des pensées distrayantes surgissent, reconnaissez-les doucement puis recentrez-vous sur votre visualisation ou vos affirmations. Avec le temps, il vous sera plus facile de rester concentré.

- **Maintenir la Constance** : Construire une nouvelle habitude demande du temps et de l'engagement. Si vous avez du mal à méditer quotidiennement, commencez par des séances plus courtes (5-10 minutes) et augmentez progressivement la durée. La constance est plus importante que la durée, alors concentrez-vous sur l'intégration de la méditation dans votre routine.

- **Rester Motivé** : Si vous avez du mal à rester motivé, rappelez-vous les bienfaits de la méditation et l'impact positif qu'elle peut avoir sur votre vie financière. Vous pouvez également trouver utile de rejoindre un groupe de méditation ou d'utiliser une application qui suit vos progrès et vous encourage.

- **Gérer le Scepticisme** : Si vous êtes nouveau dans la méditation ou le concept de manifestation, vous pouvez être sceptique quant à son efficacité. Approchez la pratique avec un esprit ouvert et donnez-lui du temps. Beaucoup de gens constatent des changements significatifs dans leur état d'esprit et leur situation financière après s'être engagés dans une pratique de méditation régulière.

L'Impact de la Méditation Quotidienne sur l'Argent

À mesure que vous continuez à pratiquer la méditation quotidienne sur l'argent, vous remarquerez probablement un changement dans votre relation avec l'argent. Vous pourriez vous sentir plus confiant, positif et proactif dans la gestion de vos finances. Les opportunités de richesse pourraient commencer à apparaître plus fréquemment, et vous vous sentirez plus en phase avec l'énergie de l'abondance.

Cette pratique peut également améliorer votre bien-être général, réduisant le stress et favorisant un sentiment de paix et de satisfaction. En alignant vos pensées, émotions et énergie sur l'abondance financière, vous constaterez que la richesse et la prospérité affluent plus naturellement dans votre vie.

Conclusion

La méditation quotidienne sur l'argent est une pratique puissante qui peut transformer votre mentalité financière et attirer la richesse dans votre vie. En intégrant la visualisation, les affirmations et en vous concentrant sur les émotions positives, vous vous alignez sur l'énergie de l'abondance et créez une force magnétique pour la prospérité financière. N'oubliez pas d'aborder votre méditation avec intention, constance et un cœur ouvert. En vous engageant dans cette pratique, vous constaterez que l'argent afflue plus facilement dans votre vie, et que votre relation avec la richesse devient une source de joie, de confiance et de gratitude.

11. Créez un Tableau de Vision : Créez un tableau de vision qui représente vos objectifs financiers. Placez-y des images, des mots et des symboles qui résonnent avec la richesse et le style de vie que vous souhaitez manifester.

Un tableau de vision est un outil puissant et créatif pour visualiser et manifester vos objectifs financiers. En réalisant une représentation tangible de vos désirs, vous engagez votre subconscient et la Loi de l'Attraction pour concrétiser vos objectifs. Un tableau de vision vous aide à clarifier ce que vous voulez, à maintenir votre focus sur vos objectifs et à rester motivé tout au long de votre parcours vers l'abondance financière. Dans ce chapitre, nous explorerons les avantages de créer un tableau de vision, comment en concevoir un qui résonne avec vos objectifs financiers, et des conseils pour tirer le meilleur parti de cette pratique.

Le Pouvoir d'un Tableau de Vision

Un tableau de vision est une représentation visuelle de vos objectifs et rêves, généralement composé d'images, de mots et de symboles qui vous inspirent et vous motivent. Le concept est simple : en vous entourant de rappels visuels de ce que vous souhaitez accomplir, vous renforcez constamment ces désirs dans votre esprit. Cela vous aide à rester concentré sur vos objectifs, à maintenir un état d'esprit positif et à attirer les ressources et les opportunités nécessaires pour les atteindre.

Voici pourquoi un tableau de vision est un outil de manifestation si puissant :

1. **Clarifie Vos Objectifs** : Le processus de création d'un tableau de vision vous oblige à réfléchir profondément à ce que vous souhaitez accomplir financièrement. Cette clarté est cruciale pour une manifestation efficace car elle donne à votre subconscient une cible précise à atteindre.

2. **Engage le Subconscient** : Votre subconscient est influencé par les images et les symboles que vous voyez régulièrement. Un tableau de vision sert de rappel constant de vos objectifs, aidant à programmer votre subconscient pour reconnaître et saisir les opportunités qui s'alignent avec vos désirs.

3. **Renforce la Pensée Positive** : En remplissant votre tableau de vision d'images et de mots positifs et inspirants, vous renforcez un état d'esprit positif. Cette pensée positive est essentielle pour attirer la richesse et l'abondance, car elle aligne votre énergie sur la fréquence du succès.

4. **Vous Garde Concentré** : La vie peut être pleine de distractions, et il est facile de perdre de vue vos objectifs face aux défis quotidiens. Un tableau de vision vous aide à rester concentré en fournissant une ancre visuelle qui vous rappelle ce vers quoi vous travaillez à chaque fois que vous le voyez.

5. **Augmente la Motivation** : Voir vos objectifs représentés visuellement peut être incroyablement motivant. Cela vous rappelle pourquoi vous poursuivez vos rêves financiers et vous encourage à persévérer, même face aux obstacles.

6. **Crée une Connexion Émotionnelle** : Un tableau de vision ne se résume pas à voir vos objectifs — il s'agit aussi de les ressentir. Le processus de création et d'engagement avec votre tableau de vision vous aide à vous connecter

émotionnellement à vos désirs, ce qui est un
élément crucial d'une manifestation réussie.

Comment Créer un Tableau de Vision pour vos Objectifs Financiers

Créer un tableau de vision est un processus amusant et
créatif qui vous permet d'explorer vos désirs et de les
concrétiser visuellement. Voici un guide étape par étape
pour vous aider à concevoir un tableau de vision qui
résonne avec vos objectifs financiers :

1. **Définissez des Objectifs Financiers Clairs** : Avant de
   commencer à rassembler des images et des
   matériaux, prenez le temps de réfléchir à vos
   objectifs financiers. Que voulez-vous accomplir ?
   Visez-vous un certain niveau de revenu, épargnez-
   vous pour un achat important ou cherchez-vous à
   bâtir une richesse à long terme ? Soyez aussi précis
   que possible sur ce que vous souhaitez manifester.
   Des objectifs clairs guideront vos choix lors de la
   création de votre tableau de vision.

2. **Rassemblez vos Matériaux** : Vous aurez besoin de
   quelques matériaux de base pour créer votre
   tableau de vision, tels que :

   o Une grande feuille de papier cartonné, un
     tableau en liège ou une toile
   o Des magazines, des journaux ou des
     impressions d'internet (pour les images et
     les mots)
   o Des ciseaux et de la colle ou du ruban
     adhésif

o   Des marqueurs, stylos ou autocollants pour ajouter des touches personnelles

3. **Collectez des Images et des Mots** : Recherchez des images, des mots et des symboles qui représentent vos objectifs financiers et le style de vie que vous souhaitez manifester. Par exemple, si votre objectif est d'acheter une maison, vous pourriez inclure des photos de belles maisons. Si vous souhaitez voyager, trouvez des images de vos destinations de rêve. Incluez des mots et des phrases qui vous inspirent, comme "abondance", "liberté financière" ou "succès". L'essentiel est de choisir des visuels qui résonnent émotionnellement avec vous et reflètent la vie que vous voulez créer.

4. **Organisez votre Tableau** : Une fois que vous avez rassemblé tous vos matériaux, commencez à les organiser sur votre tableau. Il n'y a pas de bonne ou de mauvaise façon de le faire — laissez votre créativité vous guider. Vous pourriez vouloir regrouper des objectifs similaires ou créer un thème central qui représente votre vision financière ultime. Jouez avec la disposition jusqu'à ce que cela vous semble juste.

5. **Ajoutez des Touches Personnelles** : Rendez votre tableau de vision unique en y ajoutant des touches personnelles. Cela pourrait inclure l'écriture de vos objectifs financiers de votre propre main, l'ajout de citations motivantes ou l'inclusion de photos de vous-même profitant du style de vie que vous souhaitez atteindre. Plus votre tableau de vision est personnel et significatif, plus il sera puissant en tant qu'outil de manifestation.

6. **Concentrez-vous sur des Images Positives** :
Assurez-vous que tout ce que vous incluez sur votre
tableau de vision est positif et stimulant. Évitez les
images ou les mots qui évoquent le stress, la peur
ou le doute. Votre tableau de vision doit être une
source d'inspiration et de motivation, alors
remplissez-le de visuels qui vous enthousiasment
pour votre avenir financier.

7. **Placez votre Tableau de Vision dans un Endroit
Privilégié** : Une fois votre tableau de vision
terminé, placez-le quelque part où vous le verrez
régulièrement, comme dans votre chambre, bureau
ou espace de vie. L'objectif est de vous engager
quotidiennement avec votre tableau de vision, en
laissant ses images influencer vos pensées,
émotions et actions.

8. **Engagez-vous Quotidiennement avec votre
Tableau de Vision** : Faites-en une habitude de
passer quelques minutes chaque jour à regarder
votre tableau de vision. Pendant que vous le faites,
visualisez-vous en train d'atteindre les objectifs
représentés sur le tableau. Ressentez les émotions
associées au fait d'avoir la richesse et le style de vie
que vous désirez. Cet engagement quotidien
renforce vos intentions et vous garde aligné avec
l'énergie de l'abondance.

9. **Mettez à Jour votre Tableau de Vision
Régulièrement** : À mesure que vos objectifs
évoluent, votre tableau de vision devrait également
évoluer. N'hésitez pas à le mettre à jour en ajoutant
de nouvelles images, mots ou objectifs. Cela garde

votre tableau de vision pertinent et aligné avec vos désirs actuels. Vous pourriez également envisager de créer un nouveau tableau de vision chaque année ou chaque fois que vous atteignez un objectif significatif.

Maximiser le Pouvoir de votre Tableau de Vision

Pour tirer le meilleur parti de votre tableau de vision, envisagez ces conseils supplémentaires :

1. **Combinez-le avec des Affirmations** : Associez votre tableau de vision à des affirmations positives. Lorsque vous regardez votre tableau, répétez des affirmations qui s'alignent avec vos objectifs, comme "Je mérite l'abondance financière" ou "L'argent vient à moi facilement et sans effort". Cette combinaison de renforcement visuel et verbal renforce vos efforts de manifestation.

2. **Méditez avec votre Tableau de Vision** : Intégrez votre tableau de vision à votre pratique de méditation quotidienne. Passez quelques minutes devant votre tableau, en visualisant chaque objectif comme déjà atteint. Ressentez les émotions de réussite, de gratitude et de joie. Cela approfondit votre connexion à vos objectifs et vous aide à les manifester plus efficacement.

3. **Partagez votre Vision** : Si vous vous sentez à l'aise, partagez votre tableau de vision avec un ami de confiance, un mentor ou un partenaire de responsabilisation. Discutez de vos objectifs et des étapes que vous entreprenez pour les atteindre.

Partager votre vision peut vous fournir une
motivation et un soutien supplémentaires, ainsi
qu'une aide pour rester responsable de vos
aspirations financières.

4. **Célébrez les Progrès** : Lorsque vous atteignez les
    objectifs représentés sur votre tableau de vision,
    prenez le temps de célébrer vos progrès.
    Reconnaissez chaque étape, aussi petite soit-elle, et
    exprimez votre gratitude pour l'abondance que
    vous manifestez. Célébrer vos succès renforce votre
    croyance dans le pouvoir de la manifestation et
    vous motive à continuer à poursuivre vos objectifs.

Surmonter les Défis de l'Utilisation d'un Tableau de Vision

Bien que les tableaux de vision soient un outil puissant,
vous pourriez rencontrer quelques défis en cours de route.
Voici comment surmonter les obstacles courants :

- **Rester Consistant** : Il est facile de créer un tableau
  de vision puis de l'oublier. Pour rester cohérent,
  faites de l'engagement avec votre tableau de vision
  une partie de votre routine quotidienne.
  Programmez un rappel sur votre téléphone ou
  intégrez-le à votre rituel du matin ou du soir.

- **Gérer les Doutes** : Si vous commencez à douter du
  pouvoir de votre tableau de vision, rappelez-vous
  que la manifestation est un processus qui prend du
  temps. Restez engagé envers vos objectifs et faites
  confiance au fait que l'univers travaille en coulisses
  pour concrétiser vos désirs.

- **Mettre à Jour votre Tableau de Vision** : À mesure que vos objectifs évoluent, votre tableau de vision devrait également évoluer. Si vous hésitez à le mettre à jour, rappelez-vous qu'il s'agit d'un outil vivant conçu pour grandir et évoluer avec vous. Des mises à jour régulières permettent à votre tableau de vision de rester aligné avec vos désirs actuels.

L'Impact d'un Tableau de Vision sur vos Objectifs Financiers

Créer et utiliser un tableau de vision peut avoir un impact profond sur vos objectifs financiers. En visualisant vos désirs et en vous engageant avec eux quotidiennement, vous entraînez votre esprit à se concentrer sur les opportunités et les actions qui s'alignent avec vos aspirations. Au fil du temps, vous constaterez que vous êtes plus motivé, plus confiant et plus attentif aux possibilités qui vous entourent.

Un tableau de vision vous aide à maintenir un état d'esprit positif et abondant, ce qui est crucial pour attirer la richesse. Il sert de rappel constant de ce vers quoi vous travaillez et vous garde aligné avec l'énergie du succès. À mesure que vous atteignez les objectifs représentés sur votre tableau de vision, vous gagnerez en élan et en confiance dans votre capacité à manifester une abondance financière encore plus grande.

Conclusion

Un tableau de vision est un outil créatif et puissant pour manifester vos objectifs financiers. En développant un tableau qui représente la richesse et le style de vie que vous souhaitez atteindre, vous engagez votre subconscient, renforcez la pensée positive et restez concentré sur vos objectifs. N'oubliez pas de placer votre tableau de vision dans un endroit privilégié, de vous engager avec lui quotidiennement et de le mettre à jour à mesure que vos objectifs évoluent. En intégrant cette pratique dans votre vie, vous verrez vos aspirations financières commencer à prendre forme, vous rapprochant ainsi de l'abondance et de la prospérité que vous désirez.

12. Adoptez la Générosité : Pratiquez le don de manière libre et généreuse, sachant que ce que vous donnez vous revient multiplié. Cela renforce l'état d'esprit d'abondance.

La générosité est une pierre angulaire d'une vie
abondante. Lorsque vous pratiquez le don de manière libre
et généreuse, vous n'aidez pas seulement les autres, mais
vous renforcez également en vous-même un état d'esprit
d'abondance. Adopter la générosité, c'est comprendre que
la richesse ne consiste pas seulement en l'accumulation—
elle réside dans le flux. En donnant, vous ouvrez des
canaux par lesquels l'abondance peut vous revenir,
souvent multipliée. Dans ce chapitre, nous explorerons le
pouvoir de la générosité, comment elle améliore votre
bien-être financier et des moyens pratiques pour intégrer
le don dans votre vie.

Le Pouvoir de la Générosité

La générosité est plus qu'un simple acte de gentillesse ;
c'est un outil puissant de manifestation qui vous aligne
avec l'énergie de l'abondance. Lorsque vous donnez
librement—que ce soit de votre temps, de votre argent ou
de vos ressources—vous signalez à l'univers que vous avez
confiance en le flux de l'abondance. Cette confiance est
cruciale car elle déplace votre attention de la rareté (la
peur de ne pas en avoir assez) à l'abondance (la croyance
qu'il y a toujours plus qu'assez).

Voici pourquoi adopter la générosité est si puissant :

1. **Cultive un Esprit d'Abondance** : La générosité
    déplace votre état d'esprit de la pénurie vers
    l'abondance. En donnant librement, vous affirmez
    que vous avez plus qu'assez à partager, renforçant
    la croyance que vous vivez dans un monde de
    profusion.

2. **Active la Loi de l'Attraction** : La Loi de l'Attraction stipule que ce qui est semblable attire ce qui est semblable. Lorsque vous donnez généreusement, vous attirez plus de générosité et d'abondance dans votre vie. L'énergie que vous mettez dans le monde vous revient, souvent de manière inattendue et multipliée.

3. **Renforce les Relations Positives** : La générosité favorise la bonne volonté et renforce vos liens avec les autres. Lorsque vous donnez sans rien attendre en retour, vous construisez la confiance et approfondissez les relations, ce qui peut conduire à de nouvelles opportunités et un soutien dans votre vie personnelle et professionnelle.

4. **Amplifie la Joie et l'Épanouissement** : Donner crée un sentiment de joie et d'épanouissement qui va au-delà de la richesse matérielle. L'acte d'aider les autres et d'avoir un impact positif dans leur vie apporte une satisfaction et un sens profond, qui enrichissent votre propre vie.

5. **Libère la Peur et la Rareté** : Beaucoup de gens retiennent leurs ressources par peur de ne pas en avoir assez. La générosité aide à libérer ces peurs en démontrant que donner ne diminue pas votre richesse—au contraire, cela l'étend. En donnant, vous réalisez que vous avez toujours assez et que l'univers continuera à pourvoir à vos besoins.

Comment Adopter la Générosité dans Votre Vie

Adopter la générosité ne nécessite pas de donner de grandes sommes d'argent ou de ressources. Il s'agit de cultiver un esprit de don dans tous les aspects de votre vie, quelle que soit votre situation financière. Voici quelques moyens pratiques d'intégrer la générosité dans votre vie quotidienne :

1. **Commencez avec Ce que Vous Avez** : Vous n'avez pas besoin d'être riche pour être généreux. Commencez par donner ce que vous pouvez, que ce soit de votre temps, de vos compétences ou une petite contribution financière. L'acte de donner, peu importe le montant, est ce qui compte le plus. Par exemple, vous pourriez faire du bénévolat dans une association locale, être un mentor pour quelqu'un qui a besoin de conseils, ou faire un don, même modeste, à une cause qui vous tient à cœur.

2. **Donnez avec Intention** : Lorsque vous donnez, faites-le avec une intention claire et un état d'esprit positif. Concentrez-vous sur la joie et l'impact que votre don apportera aux autres, plutôt que sur ce que vous pourriez en retirer. Donner avec intention amplifie l'énergie positive de vos actions et vous aligne avec le flux d'abondance.

3. **Pratiquez des Actes de Gentillesse Quotidiens** : La générosité ne doit pas se limiter au don financier. Pratiquez des actes de gentillesse quotidiens, comme offrir un compliment, aider un voisin, ou simplement sourire à un inconnu. Ces petits gestes créent un effet d'entraînement de positivité et renforcent l'état d'esprit d'abondance.

4. **Soutenez les Causes qui Vous Tiennent à Cœur** : Identifiez les causes et les organisations qui sont en accord avec vos valeurs et vos passions, et soutenez-les avec votre temps, vos ressources ou vos dons. Lorsque vous donnez à des causes qui résonnent en vous, vous êtes plus susceptible de vous sentir connecté et épanoui, sachant que vos contributions font une différence.

5. **Mettez de Côté un Fonds de Don** : Envisagez de mettre de côté une partie de vos revenus spécifiquement pour le don. Cela pourrait être une dîme traditionnelle (donner 10% de vos revenus) ou tout montant qui vous semble approprié. Avoir un fonds de don dédié vous aide à intégrer la générosité dans votre plan financier et garantit que le don fasse régulièrement partie de votre vie.

6. **Partagez Votre Succès** : Lorsque vous atteignez un objectif financier ou que vous bénéficiez d'une manne financière, partagez votre succès en donnant en retour. Cela peut se faire par des dons, en offrant quelque chose à des amis ou à la famille, ou en soutenant quelqu'un dans le besoin. Partager votre abondance renforce la croyance que la richesse est destinée à être circulée et appréciée par tous.

7. **Enseignez la Générosité aux Autres** : Encouragez la générosité chez ceux qui vous entourent, qu'il s'agisse de vos enfants, amis ou collègues. Montrez l'exemple et partagez les bienfaits du don libre. En enseignant aux autres le pouvoir de la générosité,

vous contribuez à créer une culture d'abondance et
de bienveillance.

8. **Exprimez Votre Gratitude pour Ce que Vous
Donnez** : Après avoir donné, prenez un moment
pour exprimer votre gratitude pour l'opportunité
d'aider les autres. Reconnaissez que la capacité de
donner est en elle-même un signe d'abondance, et
soyez reconnaissant des ressources que vous avez à
partager. La gratitude amplifie l'énergie positive de
votre générosité et attire plus d'opportunités de
donner.

9. **Soyez Ouvert à Recevoir** : La générosité est une
voie à double sens. Tout comme vous donnez
librement, soyez ouvert à recevoir la générosité des
autres. Vous permettre de recevoir renforce le flux
d'abondance et reconnaît que vous êtes digne des
dons que l'univers a à offrir.

L'Effet d'Entraînement de la Générosité

En adoptant la générosité, vous commencerez à remarquer
un effet d'entraînement dans votre vie. Votre état d'esprit
évoluera vers l'abondance, et vous vous sentirez plus
confiant dans votre capacité à attirer la richesse. Plus vous
donnez, plus vous constaterez que les opportunités, les
ressources et le soutien vous reviennent, souvent de
manière inattendue.

La générosité améliore également vos relations, tant
personnelles que professionnelles. Lorsque vous donnez
sans rien attendre en retour, vous bâtissez la confiance et
la bonne volonté, ce qui peut mener à des connexions plus

profondes et de nouvelles opportunités. Les gens sont naturellement attirés par ceux qui sont généreux, et vos actes de gentillesse peuvent ouvrir des portes à des collaborations, des partenariats et d'autres formes de soutien.

De plus, la joie et l'épanouissement que vous ressentez en donnant enrichiront votre vie de manière qui dépasse la richesse matérielle. Vous découvrirez que plus vous vous concentrez sur l'aide aux autres, plus vous trouverez de sens et de but dans votre propre vie. Ce sentiment de but est un élément clé de la véritable richesse, car il apporte une satisfaction et un bonheur durables.

Surmonter les Défis de la Pratique de la Générosité

Bien que l'adoption de la générosité soit puissante, elle peut également présenter des défis, surtout si vous faites face à des contraintes financières ou à des peurs de ne pas en avoir assez. Voici quelques conseils pour surmonter les obstacles courants :

- **Gérer l'État d'Esprit de Rare** : Si vous luttez avec un état d'esprit de rareté, commencez par donner de petites quantités et augmentez progressivement votre don à mesure que vous devenez plus à l'aise. Rappelez-vous que donner ne diminue pas votre richesse—cela l'étend. Concentrez-vous sur l'impact positif de votre générosité et faites confiance à l'univers pour pourvoir à vos besoins.

- **Établir des Limites** : Il est important de pratiquer la générosité sans épuiser vos propres ressources ou négliger vos besoins. Établissez des limites claires autour de votre don, et rappelez-vous qu'il est acceptable de dire non lorsque c'est nécessaire. La générosité doit venir d'un endroit d'abondance, non d'une obligation ou de la culpabilité.

- **Équilibrer le Don avec la Réception** : Certaines personnes trouvent plus facile de donner que de recevoir, mais il est important de maintenir un équilibre entre les deux. Permettez-vous de recevoir avec gratitude, sachant que recevoir est une partie essentielle du flux d'abondance. Pratiquez la reconnaissance et acceptez l'aide ou les cadeaux sans vous sentir coupable ou indigne.

- **Surmonter la Peur du Jugement** : Si vous craignez d'être jugé pour votre générosité (que ce soit pour donner trop ou trop peu), concentrez-vous sur vos intentions plutôt que sur les opinions des autres. Rappelez-vous que votre générosité est le reflet de vos valeurs et de vos priorités, non une mesure de votre valeur. Donnez de tout cœur, et laissez de côté les préoccupations concernant ce que les autres pourraient penser.

L'Impact de la Générosité sur Votre Vie Financière

En intégrant la générosité dans votre vie, vous remarquerez probablement des changements positifs dans votre situation financière. En adoptant un état d'esprit d'abondance et en donnant librement, vous créez une énergie positive qui attire la richesse et les opportunités. Votre générosité vous reviendra multipliée, souvent de manière inattendue et significative.

La générosité améliore également votre bien-être général, vous apportant joie, épanouissement et un sens plus profond du but. En aidant les autres et en contribuant au bien commun, vous constaterez que votre propre vie devient plus riche et plus gratifiante. C'est là la véritable essence de la richesse—vivre une vie non seulement prospère, mais aussi significative et impactante.

Conclusion

Adopter la générosité est un moyen puissant de renforcer l'état d'esprit d'abondance et d'attirer la richesse dans votre vie. En donnant librement et avec intention, vous vous alignez avec le flux d'abondance et créez une énergie positive qui multiplie vos bénédictions. Rappelez-vous que la générosité prend de nombreuses formes, et même de petits actes de gentillesse peuvent avoir un impact profond. En pratiquant le don, vous découvrirez que votre propre vie devient plus abondante, joyeuse et épanouie. La générosité ne concerne pas seulement ce que vous donnez —elle concerne l'esprit avec lequel vous donnez et la croyance qu'il y a toujours plus qu'assez pour tout le monde.

13. Mantras d'argent : Utilisez des mantras qui résonnent avec la richesse et l'abondance. Répéter ces mantras quotidiennement vous aide à changer votre énergie pour attirer de l'argent.

Les mantras sont des outils puissants pour transformer votre état d'esprit et aligner votre énergie sur vos désirs. Lorsqu'il s'agit de manifester la richesse et l'abondance, les mantras pour l'argent jouent un rôle crucial en modifiant vos pensées, vos émotions et vos vibrations pour attirer la prospérité financière. En répétant ces mantras quotidiennement, vous renforcez vos croyances positives sur l'argent, dissolvez les croyances limitantes et vous vous ouvrez au flux de l'abondance. Dans ce chapitre, nous explorerons le pouvoir des mantras pour l'argent, comment choisir ou créer des mantras qui résonnent avec vous, et des moyens pratiques de les intégrer dans votre routine quotidienne.

Le Pouvoir des Mantras

Un mantra est un mot, une phrase ou un son répété pour aider à la concentration lors de la méditation ou pour renforcer un état d'esprit ou une intention spécifique. Le mot "mantra" provient des mots sanskrits "manas" (esprit) et "tra" (outil ou instrument), signifiant "un outil pour l'esprit". Utilisés de manière constante, les mantras ont la capacité de reprogrammer votre subconscient, influençant vos pensées et vos comportements de manière puissante.

Dans le contexte de la richesse et de l'abondance, les mantras pour l'argent aident à :

1. **Reprogrammer les Croyances Limitantes** : Beaucoup de gens portent en eux des croyances limitantes profondes sur l'argent, comme "l'argent est difficile à obtenir" ou "je ne mérite pas la richesse". Répéter des mantras positifs sur l'argent aide à remplacer ces croyances négatives par des

pensées renforçantes qui soutiennent le succès
financier.

2. **S'Aligner sur la Fréquence de l'Abondance** : Les
    mantras sont une forme d'énergie vibratoire. En
    répétant des mantras qui résonnent avec la
    richesse et l'abondance, vous alignez votre propre
    énergie sur la fréquence de la prospérité financière.
    Cet alignement facilite l'attraction des
    opportunités, des ressources et des expériences
    conduisant à la richesse.

3. **Améliorer la Concentration et l'Intention** : Les
    mantras pour l'argent servent de point focal pour
    vos pensées et vos intentions. Ils vous
    maintiennent concentré sur vos objectifs financiers
    et renforcent votre engagement à les atteindre.
    Cette concentration constante aide à attirer et à
    manifester vos désirs plus efficacement.

4. **Réduire le Stress et l'Anxiété Financiers** : Utiliser
    régulièrement des mantras pour l'argent peut aider
    à réduire le stress et l'anxiété liés aux questions
    financières. La répétition de phrases positives et
    apaisantes calme l'esprit et crée un sentiment de
    paix et de confiance dans votre capacité à gérer et
    attirer la richesse.

5. **Renforcer la Confiance et la Motivation** : Les
    mantras pour l'argent instillent un sentiment de
    confiance dans votre capacité à atteindre le succès
    financier. À mesure que vous répétez ces mantras,
    vous renforcez votre croyance en votre mérite de la

richesse et en votre capacité à créer la vie
financière que vous désirez.

Comment Choisir ou Créer des Mantras pour l'Argent

Choisir ou créer des mantras pour l'argent qui résonnent
avec vous est une étape importante pour les rendre
efficaces. Vos mantras doivent être stimulants et
pertinents par rapport à vos objectifs financiers
personnels. Voici comment choisir ou créer des mantras
qui fonctionnent pour vous :

1. **Identifiez Vos Objectifs Financiers** : Commencez
    par identifier vos objectifs financiers spécifiques et
    vos désirs. Cherchez-vous à augmenter vos revenus,
    à rembourser des dettes, à épargner ou à attirer de
    nouvelles opportunités ? Vos mantras doivent
    refléter ces objectifs et renforcer votre engagement
    à les atteindre.

2. **Adressez les Croyances Limitantes** : Réfléchissez
    aux croyances limitantes que vous pouvez avoir sur
    l'argent. Croyez-vous que l'argent est rare, que vous
    ne méritez pas la richesse ou que le succès
    financier est difficile à atteindre ? Créez des
    mantras qui contrecarrent ces croyances et les
    remplacent par des affirmations positives et
    renforçantes.

3. **Formulez-les en Langage Positif et au Présent** : Les
    mantras doivent être formulés en langage positif et
    au temps présent, comme si ce que vous désirez se
    produisait déjà. Par exemple, au lieu de dire "Je
    serai riche", dites "Je suis riche et abondant". Cette

formulation aide à aligner votre subconscient avec la réalité que vous souhaitez créer.

4. **Rendez-les Personnels** : Vos mantras doivent résonner avec vous sur un plan personnel. Utilisez un langage et des phrases qui vous semblent significatifs et inspirants. Plus vos mantras sont personnels, plus ils seront puissants.

5. **Choisissez des Phrases Simples et Mémorables** : Les mantras doivent être simples et faciles à retenir. Cela vous permet de les répéter tout au long de la journée, que ce soit pendant la méditation, en conduisant ou en vaquant à vos occupations quotidiennes.

6. **Incorporez de l'Émotion** : Choisissez ou créez des mantras qui évoquent des émotions positives, telles que la joie, la gratitude et la confiance. Les mantras chargés d'émotions sont plus efficaces car ils engagent votre cœur et votre esprit, créant une connexion plus forte avec vos désirs.

Exemples de Mantras pour l'Argent

Voici quelques exemples de mantras pour l'argent pour vous inspirer :

- "Je suis un aimant pour la richesse et l'abondance."
- "L'argent afflue vers moi facilement et sans effort."
- "Je mérite le succès financier."
- "Chaque jour, j'attire de nouvelles opportunités pour augmenter ma richesse."

- "Je suis financièrement libre et je vis une vie d'abondance."
- "La prospérité m'entoure dans tous les domaines de ma vie."
- "Je fais confiance à l'univers pour subvenir à tous mes besoins."
- "Je suis ouvert à recevoir une richesse illimitée."
- "L'argent vient à moi de sources prévues et imprévues."
- "Je suis reconnaissant pour la richesse qui afflue dans ma vie."

N'hésitez pas à utiliser ces mantras tels quels ou à les modifier pour qu'ils correspondent à vos objectifs et préférences personnels.

Comment Intégrer les Mantras pour l'Argent dans Votre Routine Quotidienne

Pour tirer le meilleur parti de vos mantras pour l'argent, il est important de les intégrer de manière cohérente dans votre routine quotidienne. Voici quelques moyens pratiques de le faire :

1. **Rituel Matinal** : Commencez votre journée en répétant vos mantras pour l'argent dans le cadre de votre rituel matinal. Cela peut se faire pendant que vous êtes encore au lit, lors de votre méditation matinale ou pendant que vous vous préparez pour la journée. Commencer la journée avec des affirmations positives instaure un puissant ton pour attirer l'abondance.

2. **Pratique de la Méditation** : Intégrez vos mantras pour l'argent dans votre pratique de méditation.

Asseyez-vous dans un espace calme et répétez vos mantras en silence ou à voix haute. Concentrez-vous sur les mots et les émotions qu'ils évoquent, en les laissant résonner profondément en vous. La méditation aide à ancrer les mantras dans votre subconscient.

3. **Écrivez-les** : Écrivez vos mantras dans un journal ou sur des post-it que vous pouvez placer dans votre maison ou sur votre lieu de travail. Les écrire renforce vos intentions et vous aide à internaliser les messages. Voir régulièrement vos mantras sert de rappel visuel pour rester concentré sur vos objectifs financiers.

4. **Utilisez la Technologie** : Programmez des rappels sur votre téléphone pour répéter vos mantras pour l'argent tout au long de la journée. Vous pouvez également créer un fond d'écran pour votre téléphone ou votre ordinateur qui affiche vos mantras. De cette façon, chaque fois que vous vérifiez votre appareil, vous êtes rappelé de votre engagement à attirer la richesse.

5. **Affirmations lors des Activités Quotidiennes** : Répétez vos mantras pour l'argent pendant les activités quotidiennes, comme en conduisant, en faisant de l'exercice ou en faisant des tâches ménagères. Cette répétition aide à maintenir votre esprit concentré sur l'abondance, même lors des tâches les plus banales.

6. **Réflexion du Soir** : Terminez votre journée en répétant vos mantras pour l'argent avant de vous

coucher. Cela aide à programmer votre subconscient avec des pensées positives pendant que vous dormez, permettant à l'énergie de l'abondance de continuer à travailler même pendant votre repos.

7. **Combinez avec la Visualisation** : Associez vos mantras pour l'argent à la visualisation pour un impact accru. Pendant que vous répétez vos mantras, visualisez-vous en train d'atteindre vos objectifs financiers. Voyez la richesse affluer dans votre vie et ressentez les émotions associées au fait de la posséder. La visualisation renforce le pouvoir de vos mantras en créant une image mentale vive de vos désirs.

L'Impact des Mantras pour l'Argent sur Votre Vie Financière

À mesure que vous utilisez régulièrement des mantras pour l'argent, vous commencerez à remarquer des changements dans votre état d'esprit financier et dans vos circonstances. Avec le temps, vos pensées deviendront plus alignées sur l'abondance, et vous constaterez que vous êtes plus confiant, concentré et proactif dans la poursuite des opportunités financières.

Les mantras pour l'argent aident à dissoudre les croyances négatives et à les remplacer par des croyances renforçantes, créant ainsi un cercle vertueux qui attire la richesse dans votre vie. Vous remarquerez peut-être que des opportunités, des ressources et du soutien semblent apparaître plus fréquemment, et vous vous sentirez plus en phase avec le flux d'abondance qui vous entoure.

En plus d'améliorer votre situation financière, les mantras pour l'argent peuvent également améliorer votre bien-être général. En vous concentrant sur des pensées positives et édifiantes, vous réduisez le stress et l'anxiété, cultivez un sentiment de paix intérieure et développez une gratitude plus profonde pour la richesse qui existe déjà dans votre vie.

Surmonter les Défis dans l'Utilisation des Mantras pour l'Argent

Bien que les mantras pour l'argent soient un outil puissant, vous pourriez rencontrer des défis pour maintenir la constance ou croire pleinement en les affirmations. Voici comment surmonter les obstacles courants :

- **Gérer le Doute** : Il est naturel de ressentir du doute lorsque vous commencez à utiliser des mantras pour l'argent, surtout si votre situation financière actuelle ne correspond pas à vos affirmations. Rappelez-vous que les mantras sont un outil pour reprogrammer votre esprit et que cela prend du temps pour voir des résultats. Restez engagé dans la pratique, même si cela semble difficile au début.

- **Maintenir la Constance** : Construire une nouvelle habitude nécessite de la constance. Si vous avez du mal à vous rappeler de répéter vos mantras, essayez de les intégrer dans des routines existantes, comme pendant votre café du matin ou en vous brossant les dents. Plus vous les intégrez dans votre vie quotidienne, plus il deviendra facile de maintenir la pratique.

- **Personnaliser les Mantras** : Si un mantra particulier ne résonne pas avec vous, n'hésitez pas à le modifier ou à créer le vôtre. L'essentiel est de choisir des mots et des phrases qui vous semblent authentiques et significatifs. Plus vos mantras sont personnels, plus ils seront efficaces.

- **Rester Patient** : La manifestation prend du temps, et il est important de rester patient et de faire confiance au processus. Si vous ne voyez pas de résultats immédiats, continuez à utiliser vos mantras avec foi et confiance. Faites confiance au fait que l'énergie que vous émettez finira par revenir sous forme d'abondance financière.

Conclusion

Les mantras pour l'argent sont un outil puissant et accessible pour aligner vos pensées, votre énergie et vos actions sur la fréquence de la richesse et de l'abondance. En répétant ces mantras quotidiennement, vous renforcez des croyances positives sur l'argent, dissolvez les croyances limitantes et attirez la prospérité financière dans votre vie. N'oubliez pas de choisir ou de créer des mantras qui résonnent avec vos objectifs personnels et de les intégrer régulièrement dans votre routine quotidienne. En adoptant la pratique des mantras pour l'argent, vous constaterez que votre état d'esprit financier se tourne vers l'abondance et que les opportunités de richesse commencent à affluer plus librement dans votre vie.

14. Se concentrer sur la création de valeur : Détournez votre attention de la simple quête de l'argent pour vous concentrer sur la création de valeur. Plus vous apportez de valeur aux autres, plus vous attirez l'argent.

Dans la quête de l'abondance financière, il est facile de se laisser piéger par l'idée que l'argent est la finalité. Cependant, une voie plus durable et épanouissante vers la richesse consiste à déplacer son attention de la simple génération de revenus à la création de valeur. Lorsque vous donnez la priorité à l'apport de valeur aux autres, que ce soit à travers vos produits, services, compétences ou connaissances, l'argent devient une conséquence naturelle de l'impact que vous créez. Dans ce chapitre, nous explorerons le concept de création de valeur, comment il conduit au succès financier, et des stratégies pratiques pour intégrer cet état d'esprit dans votre vie et votre travail.

Le concept de création de valeur

La création de valeur consiste à offrir quelque chose de précieux qui répond aux besoins, résout des problèmes ou améliore la vie des autres. Que vous soyez entrepreneur, employé ou professionnel créatif, votre capacité à créer de la valeur détermine votre succès. En vous concentrant sur la manière dont vous pouvez servir les autres, vous vous positionnez pour recevoir des récompenses financières qui reflètent l'impact de vos contributions.

Voici pourquoi se concentrer sur la création de valeur est si puissant :

1. **Attire une richesse durable** : L'argent provenant de la fourniture de valeur réelle est plus durable que celui gagné par des solutions rapides ou des efforts superficiels. Lorsque vous livrez constamment de la valeur, vous construisez la confiance, la loyauté et une réputation solide, ce qui mène à des

opportunités continues et à une croissance financière.

2. **Crée des relations significatives** : La création de valeur favorise des relations solides avec les clients, les collègues et les partenaires. Les gens sont naturellement attirés par ceux qui offrent des solutions, des idées et du soutien. Ces relations ouvrent des portes à des collaborations, des recommandations et d'autres opportunités financières.

3. **Renforce l'épanouissement personnel** : Créer de la valeur est intrinsèquement gratifiant. Lorsque vous savez que votre travail fait une différence positive dans la vie des autres, vous ressentez un plus grand sentiment de but et d'épanouissement. Cette motivation intrinsèque conduit souvent à plus de créativité, d'innovation et de succès.

4. **Augmente la demande sur le marché** : Plus vous apportez de valeur, plus la demande pour vos produits, services ou expertise augmente. Les gens sont prêts à payer un prix élevé pour des solutions qui répondent réellement à leurs besoins et dépassent leurs attentes. En créant plus de valeur, vous attirez naturellement plus de richesse.

5. **Renforce un état d'esprit d'abondance** : Se concentrer sur la création de valeur déplace votre mentalité de la rareté vers l'abondance. Au lieu de vous inquiéter de comment obtenir plus d'argent, vous vous concentrez sur comment offrir plus de valeur. Cet état d'esprit s'aligne sur le principe selon

lequel plus vous donnez, plus vous recevez, favorisant un cycle positif de croissance et de prospérité.

Comment se concentrer sur la création de valeur

Se concentrer sur la création de valeur nécessite un changement de perspective et un engagement à servir les autres. Voici quelques stratégies pratiques pour vous aider à intégrer cet état d'esprit dans votre vie et votre travail :

1. **Identifiez votre proposition de valeur unique** : Commencez par identifier ce qui vous rend, vous ou vos offres, unique. Quelles compétences, talents ou connaissances possédez-vous qui peuvent résoudre des problèmes ou répondre à des besoins ? Votre proposition de valeur unique est ce qui vous distingue des autres et constitue la base de la valeur que vous apportez.

2. **Comprenez votre public** : Pour créer de la valeur, vous devez comprendre les besoins, désirs et points de douleur des personnes que vous servez. Qu'il s'agisse de vos clients, collègues ou partenaires, prenez le temps d'écouter, poser des questions et recueillir des retours. Plus vous comprenez votre public, plus vous pouvez adapter vos offres pour fournir une valeur maximale.

3. **Concentrez-vous sur la résolution de problèmes** : Les gens sont prêts à payer pour des solutions qui répondent à leurs problèmes ou défis. Détournez votre attention de la vente d'un produit ou service pour vous concentrer sur la résolution de

problèmes. Demandez-vous : « Comment puis-je aider ? Quelles solutions puis-je apporter ? » Plus vous résolvez efficacement des problèmes, plus vous devenez précieux.

4.   **Améliorez et innovez continuellement** : La création de valeur est un processus continu. Cherchez toujours à améliorer vos offres, développer vos compétences et innover dans votre domaine. Restez curieux et ouvert aux nouvelles idées, et soyez prêt à vous adapter aux besoins et tendances changeants. L'innovation vous garde pertinent et augmente la valeur que vous apportez.

5.   **Offrez une qualité exceptionnelle** : Efforcez-vous de dépasser les attentes dans tout ce que vous faites. Que ce soit la qualité de votre travail, le niveau de service à la clientèle que vous fournissez, ou l'expérience que vous créez, visez à offrir une valeur exceptionnelle qui laisse une impression durable. Les gens se souviennent et récompensent l'excellence, souvent par des affaires répétées, des recommandations et un bouche-à-oreille positif.

6.   **Construisez des relations basées sur la confiance et l'intégrité** : La confiance est la pierre angulaire de la création de valeur. Agissez toujours avec intégrité, soyez honnête dans vos transactions et tenez vos promesses. Construire la confiance crée des relations loyales qui se traduisent par un succès financier à long terme.

7.   **Offrez de la valeur au-delà des transactions** : Cherchez des moyens d'ajouter de la valeur même

après la transaction initiale. Cela pourrait inclure un soutien continu, le partage de ressources utiles ou la fourniture d'informations supplémentaires qui aident vos clients ou partenaires à réussir. Lorsque vous faites l'effort supplémentaire, vous renforcez les relations et augmentez la probabilité de fidélisation.

8. **Partagez vos connaissances et votre expertise** : L'un des moyens les plus puissants de créer de la valeur est de partager librement vos connaissances et votre expertise. Que ce soit par l'écriture, les conférences, l'enseignement ou le mentorat, partager ce que vous savez non seulement aide les autres mais vous positionne également comme une autorité dans votre domaine. Cette visibilité peut mener à de nouvelles opportunités et récompenses financières.

9. **Concentrez-vous sur l'impact à long terme** : Considérez l'impact à long terme de la valeur que vous apportez. Comment vos contributions peuvent-elles créer des effets positifs durables dans la vie des autres ? Se concentrer sur la valeur à long terme plutôt que sur les gains à court terme vous aide à bâtir un héritage de succès et de stabilité financière.

10. **Mesurez et réfléchissez sur la valeur** : Évaluez régulièrement la valeur que vous apportez. Répondez-vous aux besoins de votre public ? Y a-t-il des domaines où vous pourriez améliorer ou étendre vos offres ? Réfléchir à ces questions vous aide à rester aligné sur votre objectif de création de

valeur et assure que vos efforts conduisent
effectivement à un succès financier.

L'effet d'entraînement de la création de valeur

En vous concentrant sur la création de valeur, vous
remarquerez probablement un effet d'entraînement qui va
au-delà du succès financier. La création de valeur a le
pouvoir de transformer vos relations, d'améliorer votre
réputation et d'augmenter votre influence. Plus vous
apportez de valeur, plus les opportunités se présenteront à
vous, souvent sous des formes inattendues et gratifiantes.

Cet effet d'entraînement s'étend également à votre
sentiment d'épanouissement et de but. Lorsque vous savez
que votre travail fait une différence positive, vous vous
sentez plus connecté à vos objectifs et plus motivé à
continuer de croître et de contribuer. Cette satisfaction
intrinsèque est un élément clé de la véritable richesse, car
elle apporte une joie et un sens durables à votre vie.

De plus, en vous concentrant sur la création de valeur, vous
attirez naturellement des individus partageant les mêmes
idées qui partagent votre engagement envers l'excellence
et le service. Ces relations peuvent mener à des
collaborations, des partenariats et d'autres opportunités
qui renforcent encore votre croissance financière et
personnelle.

Surmonter les défis de la création de valeur

Bien que se concentrer sur la création de valeur soit une
approche puissante, elle peut également poser des défis,
surtout si vous êtes habitué à penser uniquement en

termes de gain d'argent. Voici comment surmonter les obstacles courants :

- **Passer d'une mentalité transactionnelle** : Si vous êtes habitué à vous concentrer sur les transactions plutôt que sur les relations, cela peut prendre du temps pour changer d'état d'esprit. Commencez par prioriser les connexions à long terme plutôt que les gains à court terme. N'oubliez pas que construire des relations axées sur la valeur conduit souvent à des résultats plus durables et rentables.

- **Équilibrer création de valeur et profit** : Il est important de trouver un équilibre entre la création de valeur et la rentabilité. Bien que la fourniture de valeur soit essentielle, il est également important de facturer de manière appropriée vos services ou produits. Comprenez la valeur de ce que vous apportez et assurez-vous que votre tarification reflète cela.

- **Rester motivé** : Créer de la valeur demande des efforts, de l'innovation, et parfois une volonté de faire des efforts supplémentaires. Si vous vous sentez démotivé, reconnectez-vous à l'impact que vous faites et aux bénéfices à long terme de la création de valeur. Rappelez-vous que la valeur que vous apportez conduira finalement à des récompenses financières et personnelles.

- **Gérer la concurrence** : Dans un marché concurrentiel, il peut être difficile de se démarquer uniquement sur la base de la valeur. Concentrez-vous sur vos forces uniques et les besoins spécifiques de votre public. N'oubliez pas que la création de valeur ne consiste pas à être tout pour tout le monde, mais à être la meilleure solution pour ceux que vous êtes destiné à servir.

L'impact de la création de valeur sur votre vie financière

Se concentrer sur la création de valeur a un impact profond sur votre vie financière. En déplaçant votre attention de la simple génération de revenus à l'apport de valeur, vous constaterez que l'argent circule plus naturellement et abondamment dans votre vie. Le succès axé sur la valeur est durable et épanouissant, menant à une stabilité financière et une croissance à long terme.

En priorisant la création de valeur, vous vous positionnez en tant que leader dans votre domaine, attirant davantage d'opportunités, de clients et de ressources. Cette approche non seulement améliore votre bien-être financier, mais contribue également à un héritage positif de service, d'impact et d'excellence.

Conclusion

Se concentrer sur la création de valeur est l'une des stratégies les plus puissantes pour atteindre le succès financier et l'épanouissement personnel. En changeant votre état d'esprit de la simple quête de l'argent vers le service des autres et la résolution de problèmes, vous créez un flux de richesse durable et abondant dans votre vie. N'oubliez pas de chercher continuellement des moyens d'apporter une valeur exceptionnelle, de construire la confiance et de dépasser les attentes. En adoptant l'état d'esprit de création de valeur, vous constaterez que la prospérité financière devient une conséquence naturelle et gratifiante de l'impact positif que vous avez sur le monde.

15. Alignement Émotionnel : Alignez vos émotions avec le sentiment d'avoir déjà la richesse. Ressentez la joie, la satisfaction et la sécurité comme si vos objectifs financiers étaient déjà atteints.

Les émotions sont des moteurs puissants de la manifestation, influençant non seulement vos pensées et actions, mais aussi la réalité que vous vivez. Pour attirer la richesse et l'abondance, il est essentiel d'aligner vos émotions avec le sentiment d'avoir déjà atteint vos objectifs financiers. Cette pratique, appelée alignement émotionnel, consiste à cultiver des émotions telles que la joie, la satisfaction et la sécurité, comme si vous aviez déjà atteint le niveau de succès financier que vous désirez. En faisant cela, vous alignez votre énergie avec la fréquence de l'abondance, facilitant ainsi la réalisation de vos objectifs financiers.

Dans ce chapitre, nous explorerons le concept d'alignement émotionnel, comment il influence votre capacité à manifester la richesse, et des techniques pratiques pour aligner vos émotions avec la réalité que vous souhaitez créer.

La Puissance de l'Alignement Émotionnel

Vos émotions agissent comme un aimant, attirant des expériences qui correspondent à l'énergie que vous émettez. Lorsque vous ressentez des émotions positives telles que la joie, la gratitude et le contentement, vous attirez des expériences qui renforcent ces sentiments. À l'inverse, des émotions négatives comme la peur, le doute et l'anxiété peuvent bloquer le flux de l'abondance et créer des obstacles à l'atteinte de vos objectifs financiers.

L'alignement émotionnel consiste à choisir consciemment de ressentir les émotions associées à la réalité financière que vous désirez, avant même qu'elle ne se soit pleinement manifestée. Cette pratique aide à combler le fossé entre là où vous êtes et là où vous voulez être, rapprochant vos objectifs de votre état d'être actuel.

Voici pourquoi l'alignement émotionnel est si puissant :

1. **Correspondance Vibratoire :** La Loi de l'Attraction stipule que le semblable attire le semblable. Lorsque vous alignez vos émotions avec le sentiment d'avoir déjà la richesse, vous créez une correspondance vibratoire avec la réalité que vous désirez. Cet alignement attire des opportunités, des ressources et des expériences qui vous rapprochent de vos objectifs financiers.

2. **Renforce les Croyances Positives :** Les émotions jouent un rôle important dans la formation de vos croyances. En ressentant constamment les émotions du succès financier, vous renforcez des croyances positives sur l'argent et votre capacité à attirer la richesse. Ces croyances guident ensuite vos pensées et actions, facilitant ainsi la manifestation de vos objectifs.

3. **Augmente la Motivation et la Concentration :** Lorsque vous ressentez la joie et la satisfaction d'avoir déjà atteint vos objectifs, vous devenez naturellement plus motivé et concentré. Cet alignement émotionnel vous pousse à passer à l'action avec inspiration, à rester engagé envers vos objectifs et à surmonter les obstacles avec plus de facilité.

4. **Réduit le Stress et l'Anxiété :** Aligner vos émotions avec l'abondance financière aide à réduire le stress

et l'anxiété liés à l'argent. Lorsque vous vous sentez en sécurité et satisfait, vous abordez les décisions financières avec plus de clarté et de confiance, menant à de meilleurs résultats.

5. **Améliore le Bien-Être Global :** L'alignement émotionnel ne concerne pas seulement l'attraction de la richesse—il s'agit d'améliorer votre qualité de vie globale. En cultivant des émotions positives, vous créez un sentiment de paix intérieure et d'accomplissement qui dépasse vos objectifs financiers, enrichissant tous les aspects de votre vie.

Comment Aligner Vos Émotions avec l'Abondance Financière

Aligner vos émotions avec le sentiment d'avoir déjà la richesse demande de la pratique et de l'intentionnalité. Voici quelques techniques pratiques pour vous aider à cultiver les émotions du succès financier et à maintenir un alignement émotionnel sur votre chemin vers l'abondance :

1. **Visualisez Votre Succès :** La visualisation est un outil puissant pour aligner vos émotions avec la réalité désirée. Consacrez du temps chaque jour à vous visualiser vivant la vie que vous souhaitez, comme si vos objectifs financiers étaient déjà atteints. Imaginez-vous en train de profiter des avantages de votre richesse—que ce soit une nouvelle maison, la liberté financière ou la capacité de donner généreusement. Pendant que vous visualisez, concentrez-vous sur les émotions

associées à ce succès, telles que la joie, la fierté et la gratitude.

2. **Pratiquez la Gratitude :** La gratitude est l'un des moyens les plus efficaces d'aligner vos émotions avec l'abondance. En exprimant de la gratitude pour ce que vous avez déjà, vous cultivez un sentiment de contentement et de satisfaction qui attire davantage ce que vous désirez. Chaque jour, prenez le temps de reconnaître et d'apprécier les bénédictions financières dans votre vie, aussi petites soient-elles. Cette pratique renforce le sentiment que vous êtes déjà riche et que plus d'abondance est en route.

3. **Utilisez des Affirmations :** Les affirmations sont des déclarations positives qui aident à reprogrammer votre esprit subconscient et à aligner vos émotions avec vos objectifs. Créez des affirmations qui reflètent les émotions que vous souhaitez ressentir, telles que "Je suis financièrement en sécurité et abondant", "Je me sens joyeux et prospère", ou "Je suis reconnaissant pour la richesse qui afflue dans ma vie". Répétez ces affirmations quotidiennement, surtout dans les moments de doute ou de stress, pour maintenir l'alignement émotionnel.

4. **Incarnez la Richesse dans Vos Actions :** Agissez comme si vous étiez déjà riche en prenant des décisions et en posant des actions qui reflètent la réalité financière souhaitée. Cela pourrait impliquer d'investir en vous-même, de faire des choix financiers réfléchis ou de vous offrir de petits luxes

qui vous apportent de la joie. Lorsque vous incarnez l'état d'esprit et les actions d'une personne riche, vous alignez naturellement vos émotions avec le sentiment de succès financier.

5. **Cultivez un État d'Esprit Positif envers l'Argent :** Votre état d'esprit joue un rôle majeur dans votre alignement émotionnel. Travaillez à développer une relation positive avec l'argent en abandonnant les croyances limitantes et en adoptant une mentalité d'abondance. Remettez en question toute pensée négative ou crainte concernant l'argent et remplacez-les par des pensées de possibilité, d'opportunité et de prospérité. Plus votre état d'esprit est positif, plus il est facile d'aligner vos émotions avec l'abondance.

6. **Entourez-Vous d'Influences Positives :** Les personnes et les environnements qui vous entourent peuvent grandement influencer vos émotions. Passez du temps avec des individus qui vous inspirent, élèvent votre esprit et renforcent vos objectifs financiers. Créez un environnement qui reflète l'abondance, que ce soit par la décoration de votre maison, le contenu que vous consommez, ou les activités auxquelles vous participez. Les influences positives aident à maintenir vos émotions alignées avec le sentiment de richesse.

7. **Libérez les Émotions Négatives :** Il est important de libérer toute émotion négative qui pourrait bloquer votre alignement avec l'abondance. Cela peut inclure la peur, la culpabilité, la colère ou le

ressentiment liés à l'argent. Des pratiques comme le journaling, la méditation ou le nettoyage énergétique peuvent vous aider à traiter et à libérer ces émotions, faisant ainsi de la place pour des sentiments positifs de joie, de satisfaction et de sécurité.

8. **Célébrez Votre Progrès :** Célébrez régulièrement vos étapes et réussites financières, aussi petites soient-elles. Célébrer vos progrès renforce les émotions d'accomplissement et de gratitude, aidant à maintenir votre alignement émotionnel avec l'abondance. Reconnaissez les pas que vous avez franchis vers vos objectifs et soyez fier de vos accomplissements.

9. **Engagez-vous dans des Activités Joyeuses :** Engagez-vous dans des activités qui vous apportent de la joie et de l'accomplissement, indépendamment de leur signification financière. Lorsque vous priorisez votre bonheur et votre bien-être, vous vous alignez naturellement avec les émotions de l'abondance. Que ce soit en passant du temps avec vos proches, en poursuivant un hobby ou en profitant de la nature, accordez du temps à des activités qui élèvent votre esprit et renforcent votre alignement émotionnel.

L'Impact de l'Alignement Émotionnel sur Votre Vie Financière

Lorsque vous alignez constamment vos émotions avec le sentiment d'avoir déjà la richesse, vous créez un champ énergétique puissant qui attire l'abondance financière. Cet alignement émotionnel aide à dissoudre toute résistance ou blocage qui pourrait vous empêcher d'atteindre vos objectifs, permettant ainsi à la prospérité de circuler plus facilement dans votre vie.

En pratiquant l'alignement émotionnel, vous remarquerez probablement des changements positifs dans votre situation financière. Vous constaterez peut-être que les opportunités de richesse et de succès apparaissent plus fréquemment, que vous prenez de meilleures décisions financières et que vous ressentez plus de facilité et de fluidité dans la réalisation de vos objectifs. De plus, le sentiment de joie, de satisfaction et de sécurité que vous cultivez améliorera votre bien-être général, vous conduisant à une vie plus épanouie et abondante.

Surmonter les Défis de l'Alignement Émotionnel

Aligner vos émotions avec le sentiment d'avoir déjà la richesse peut être un défi, surtout si votre réalité financière actuelle est loin de votre objectif souhaité. Voici comment surmonter les obstacles courants :

- **Faire Face au Doute :** Il est naturel de ressentir du doute lorsque vous essayez d'aligner vos émotions avec une réalité qui ne s'est pas encore pleinement manifestée. Lorsque le doute surgit, rappelez-vous que l'alignement émotionnel consiste à créer les conditions pour atteindre le résultat désiré, et non à nier votre réalité actuelle. Restez engagé dans la pratique et faites confiance au fait que vos émotions aident à attirer la richesse que vous désirez.

- **Gérer les Émotions Négatives :** Les émotions négatives telles que la peur, l'anxiété ou la frustration peuvent perturber votre alignement émotionnel. Lorsque ces émotions apparaissent, reconnaissez-les sans jugement et utilisez des techniques telles que la respiration profonde, la méditation ou le journaling pour les libérer. Remplacez les émotions négatives par des affirmations positives ou des visualisations pour vous réaligner avec l'abondance.

- **Maintenir la Constante :** L'alignement émotionnel nécessite une pratique constante. Si vous trouvez difficile de maintenir l'alignement, créez des rituels quotidiens qui renforcent les émotions positives, tels que la gratitude matinale, les affirmations ou les exercices de visualisation. Plus vous êtes constant, plus l'alignement émotionnel deviendra naturel.

- **Équilibrer la Réalité et la Vision :** Il est important d'équilibrer votre réalité actuelle avec votre vision du succès financier. Bien que l'alignement émotionnel implique de se sentir comme si vous aviez déjà atteint vos objectifs, cela ne signifie pas ignorer vos circonstances présentes. Utilisez votre vision comme guide, mais prenez également des mesures pratiques pour améliorer votre situation financière dans l'ici et maintenant.

L'Effet de Vague de l'Alignement Émotionnel

L'alignement émotionnel n'impacte pas seulement votre vie financière, mais crée également un effet de vague qui améliore tous les aspects de votre vie. En alignant vos émotions avec l'abondance, vous constaterez que vos relations, votre santé et votre bien-être général s'améliorent également. L'énergie positive que vous cultivez grâce à l'alignement émotionnel attire davantage ce que vous désirez, menant à une vie riche en joie, en accomplissement et en prospérité.

De plus, en incarnant les émotions de la richesse et du succès, vous inspirez les autres à faire de même. Votre énergie positive et votre état d'esprit peuvent avoir une influence puissante sur ceux qui vous entourent, créant un environnement de soutien et d'élévation qui favorise l'abondance collective.

Conclusion

L'alignement émotionnel est un élément clé pour manifester l'abondance financière et vivre une vie épanouissante. En alignant vos émotions avec le sentiment d'avoir déjà la richesse, vous créez une correspondance vibratoire puissante avec la réalité que vous désirez, facilitant ainsi l'attraction du succès financier que vous recherchez. N'oubliez pas de pratiquer régulièrement des techniques telles que la visualisation, la gratitude et les affirmations pour maintenir votre alignement émotionnel. En cultivant des émotions de joie, de satisfaction et de sécurité, vous constaterez que vos objectifs financiers deviennent plus accessibles et que votre qualité de vie globale s'améliore. L'alignement émotionnel ne concerne pas seulement l'obtention de la richesse—il s'agit de créer une vie qui semble abondante à tous égards.

16. Utilisez la règle des 17 secondes : Selon la loi de l'attraction, maintenir une pensée positive pendant 17 secondes peut démarrer le momentum de la manifestation. Concentrez-vous sur vos désirs de richesse pendant au moins 17 secondes plusieurs fois par jour.

La règle des 17 secondes est un concept puissant dans la Loi de l'Attraction, qui suggère que maintenir une pensée positive pendant seulement 17 secondes peut initier l'élan de la manifestation. Cette pratique simple mais profonde repose sur l'idée que l'attention focalisée sur une pensée positive peut attirer une énergie correspondante, préparant le terrain pour que vos désirs commencent à se manifester. En vous concentrant sur vos désirs de richesse pendant au moins 17 secondes plusieurs fois par jour, vous pouvez aligner votre énergie sur la fréquence de l'abondance et accélérer la manifestation de vos objectifs financiers.

Dans ce chapitre, nous allons explorer la règle des 17 secondes, son fonctionnement, et des moyens pratiques d'intégrer cette technique dans votre routine quotidienne pour améliorer votre capacité à attirer richesse et abondance.

Le Concept de la Règle des 17 Secondes

La règle des 17 secondes a été popularisée par Abraham-Hicks, un enseignant bien connu de la Loi de l'Attraction. Selon ce concept, se concentrer sur une pensée pendant un minimum de 17 secondes commence à activer la fréquence vibratoire de cette pensée. Lorsque vous maintenez une pensée positive pendant cette durée, elle commence à gagner en élan, attirant des pensées et des énergies similaires qui s'alignent sur la vibration que vous émettez. Plus vous maintenez cette concentration, plus l'élan devient fort, ce qui mène finalement à la manifestation.

Voici pourquoi la règle des 17 secondes est si puissante :

1. **Déclenche la Loi de l'Attraction :** Maintenir une pensée positive pendant 17 secondes suffit à initier la Loi de l'Attraction. Cette attention concentrée crée une correspondance vibratoire entre vos pensées et vos désirs, attirant des circonstances et des opportunités qui s'alignent avec ce sur quoi vous vous concentrez.

2. **Construit un Élan Positif :** Une fois que vous atteignez 17 secondes de concentration, vous commencez à construire un élan. En prolongeant cette concentration, l'élan augmente, rendant plus facile le maintien d'un état d'esprit positif et l'attraction des résultats souhaités. Une pratique constante amplifie cet élan, conduisant à des manifestations plus rapides et plus puissantes.

3. **Crée une Habitude Mentale :** Pratiquer la règle des 17 secondes plusieurs fois par jour aide à créer une habitude mentale de se concentrer sur des pensées et des désirs positifs. Cette habitude entraîne votre esprit à graviter naturellement vers une pensée positive, essentielle pour une manifestation réussie.

4. **Améliore l'Alignement Émotionnel :** La règle des 17 secondes aide également à aligner vos émotions avec vos désirs. En vous concentrant sur des pensées positives, vous évoquez des émotions positives correspondantes, telles que la joie, l'excitation et la satisfaction. Ces émotions renforcent encore votre alignement avec la fréquence de l'abondance.

5.	**Simple et Accessible :** L'un des plus grands avantages de la règle des 17 secondes est sa simplicité. Elle ne nécessite ni beaucoup de temps ni d'efforts, ce qui la rend accessible à tous, quel que soit leur emploi du temps ou leur expérience des techniques de manifestation. Juste 17 secondes de pensée concentrée peuvent faire une différence significative dans votre capacité à attirer la richesse.

Comment Utiliser la Règle des 17 Secondes pour la Manifestation de la Richesse

Pour exploiter la puissance de la règle des 17 secondes, il est important de se concentrer sur des pensées positives liées à vos désirs financiers. Voici quelques étapes pratiques pour vous aider à utiliser efficacement cette technique :

1.	**Identifiez Vos Désirs de Richesse :** Commencez par identifier vos objectifs financiers spécifiques et vos désirs. Que voulez-vous manifester ? Est-ce un revenu accru, la liberté financière, l'élimination de dettes, ou un achat spécifique ? Soyez clair sur ce que vous voulez afin de pouvoir concentrer vos pensées avec précision.

2.	**Réservez du Temps pour une Pensée Concentrée :** Trouvez des moments dans votre journée pour pratiquer la règle des 17 secondes. Cela pourrait être pendant votre routine matinale, en attendant dans une file d'attente, ou avant de vous coucher. L'essentiel est d'être intentionnel en réservant du temps pour vous concentrer sur vos désirs de richesse.

3. **Visualisez Votre Désir** : Fermez les yeux et visualisez vos objectifs financiers comme s'ils étaient déjà atteints. Imaginez-vous vivant la vie que vous désirez, profitant de la richesse et de l'abondance que vous avez manifestées. Concentrez-vous sur les détails de cette vision et maintenez-la dans votre esprit pendant au moins 17 secondes.

4. **Ressentez les Émotions** : Pendant que vous visualisez, connectez-vous aux émotions associées à l'accomplissement de vos objectifs financiers. Ressentez la joie, le soulagement, l'excitation et la satisfaction qui accompagnent le succès financier. Ces émotions renforcent la puissance de votre pensée concentrée, la rendant plus efficace.

5. **Prolongez la Concentration** : Si possible, essayez de prolonger votre concentration au-delà de 17 secondes. Maintenir une pensée positive pendant 34 secondes, 51 secondes, ou même une minute entière peut considérablement amplifier l'élan et renforcer vos efforts de manifestation. Plus vous maintenez votre concentration, plus l'effet est puissant.

6. **Répétez Tout au Long de la Journée** : Pratiquez la règle des 17 secondes plusieurs fois par jour. Chaque fois que vous vous concentrez sur vos désirs de richesse, vous ajoutez à l'élan, rendant plus facile la manifestation de vos objectifs. La

constance est essentielle, alors intégrez cette
pratique dans votre routine quotidienne.

7. **Combinez avec des Affirmations :** Pour renforcer
l'impact de la règle des 17 secondes, combinez-la
avec des affirmations positives. Pendant que vous
vous concentrez sur vos désirs de richesse, répétez
des affirmations qui renforcent vos objectifs, telles
que "Je suis un aimant à richesse", "L'argent vient à
moi facilement et sans effort", ou "Je suis
financièrement libre". Les affirmations aident à
solidifier les pensées positives sur lesquelles vous
vous concentrez.

8. **Restez Positif et Détendu :** Il est important de
maintenir un état d'esprit détendu et positif
pendant cette pratique. Si vous vous sentez stressé
ou anxieux, prenez quelques respirations profondes
pour calmer votre esprit avant de commencer. Plus
vous êtes détendu et positif, plus la règle des 17
secondes sera efficace.

L'Impact de la Règle des 17 Secondes sur Votre Vie Financière

Pratiquer régulièrement la règle des 17 secondes peut
avoir un impact profond sur votre capacité à manifester
richesse et abondance. En vous concentrant régulièrement
sur des pensées positives liées à vos objectifs financiers,
vous alignez votre énergie avec la fréquence de
l'abondance, ce qui facilite la matérialisation de vos désirs.

En construisant un élan grâce à cette pratique, vous
remarquerez probablement des changements dans votre

situation financière. Les opportunités de création de
richesse peuvent commencer à apparaître plus
fréquemment, vous pouvez attirer de nouvelles sources de
revenus, et vous vous sentirez plus confiant et optimiste
quant à votre avenir financier. De plus, l'habitude de se
concentrer sur des pensées positives vous aidera à
maintenir un état d'esprit positif, même dans des
situations difficiles, ce qui conduira à de meilleures
décisions et à une plus grande résilience.

La règle des 17 secondes améliore également votre
alignement émotionnel avec l'abondance. En évoquant
régulièrement des émotions positives lors de vos séances
de pensée concentrée, vous renforcez votre croyance en
votre capacité à atteindre le succès financier. Cet
alignement émotionnel soutient non seulement vos efforts
de manifestation, mais améliore également votre bien-être
général.

Surmonter les Défis de l'Utilisation de la Règle des 17 Secondes

Bien que la règle des 17 secondes soit simple, il peut être
difficile de maintenir une concentration constante, surtout
si vous êtes nouveau dans cette pratique. Voici comment
surmonter les obstacles courants :

- **Distractions :** Il est courant que votre esprit
  vagabonde pendant les séances de pensée
  concentrée. Si vous vous surprenez à être distrait,
  ramenez doucement votre attention sur vos désirs
  de richesse. Avec la pratique, votre capacité à
  maintenir la concentration s'améliorera.

- **Doute et Pensées Négatives :** Si des doutes ou des pensées négatives surgissent pendant que vous pratiquez la règle des 17 secondes, reconnaissez-les sans jugement, puis recentrez-vous sur vos désirs positifs. Rappelez-vous, ce sont les pensées positives qui construisent l'élan, alors restez engagé à maintenir un focus positif.

- **Contraintes de Temps :** Si vous manquez de temps, souvenez-vous que la règle des 17 secondes ne nécessite qu'un petit engagement. Vous pouvez la pratiquer lors d'activités quotidiennes, comme pendant que vous vous brossez les dents, conduisez, ou prenez une courte pause. L'essentiel est de l'intégrer dans votre routine d'une manière qui vous convient.

- **Impatience :** La manifestation est un processus qui nécessite de la patience. Si vous ne voyez pas de résultats immédiats, continuez à pratiquer la règle des 17 secondes avec foi et constance. Faites confiance au fait que l'élan que vous construisez finira par conduire à la manifestation de vos désirs.

L'Effet de Vague de la Règle des 17 Secondes

La règle des 17 secondes n'impacte pas seulement votre capacité à manifester la richesse, mais crée également un effet de vague qui améliore d'autres aspects de votre vie. En entraînant votre esprit à se concentrer sur des pensées et des désirs positifs, vous constaterez que vous devenez plus optimiste, résilient, et proactif dans la poursuite de vos objectifs. Cet état d'esprit positif s'étendra naturellement à d'autres aspects de votre vie, améliorant vos relations, votre santé, et votre sentiment général d'accomplissement.

De plus, l'habitude de pratiquer la règle des 17 secondes vous aide à développer une plus grande conscience et présence dans votre vie quotidienne. En choisissant consciemment vos pensées, vous gagnez un plus grand contrôle sur votre réalité et devenez plus attentif aux opportunités et possibilités qui vous entourent.

Conclusion

La règle des 17 secondes est un outil puissant et accessible pour accélérer la manifestation de vos objectifs financiers. En vous concentrant sur vos désirs de richesse pendant au moins 17 secondes plusieurs fois par jour, vous initiez l'élan de la manifestation, alignez votre énergie sur l'abondance, et attirez les opportunités et ressources nécessaires pour atteindre le succès financier. Souvenez-vous de visualiser vos désirs, d'évoquer des émotions positives, et de pratiquer cette technique de manière cohérente pour construire l'élan et améliorer votre capacité à manifester la richesse. En intégrant la règle des 17 secondes dans votre routine quotidienne, vous constaterez que vos objectifs financiers deviennent plus atteignables, et vous ressentirez une plus grande confiance, optimisme, et satisfaction dans votre quête de l'abondance.

17. Faites confiance au processus: Ayez une foi inébranlable dans le processus de manifestation. Croyez que l'univers travaille en coulisses pour réaliser vos désirs financiers, même si vous ne voyez pas de résultats immédiats.

Avoir une foi inébranlable dans le processus de manifestation est essentiel. Faites confiance au fait que l'univers travaille en coulisses pour réaliser vos désirs financiers, même si vous ne voyez pas de résultats immédiats.

Faire confiance au processus de manifestation est l'un des aspects les plus importants, mais aussi les plus difficiles, pour attirer la richesse et l'abondance. Cela nécessite une foi inébranlable dans les forces invisibles de l'univers, en sachant que vos désirs se réalisent, même si vous ne voyez pas de résultats immédiats. Ce chapitre explore l'importance de faire confiance au processus, la manière dont cela influence votre capacité à manifester la richesse, et des stratégies pratiques pour cultiver et maintenir cette confiance tout au long de votre parcours.

L'Importance de la Confiance dans le Processus de Manifestation

La manifestation est un processus dynamique qui implique d'aligner vos pensées, vos émotions et vos actions sur la fréquence de vos désirs. Bien que des techniques comme la visualisation, les affirmations et la règle des 17 secondes soient essentielles, elles doivent être accompagnées d'une confiance profonde dans le processus pour qu'une véritable manifestation se produise. Avoir confiance dans le processus signifie croire que l'univers travaille en coulisses pour orchestrer les circonstances parfaites afin que vos désirs se matérialisent.

Voici pourquoi la confiance est si cruciale dans le processus de manifestation :

1. **Réduction de la Résistance** : Le doute, la peur et l'impatience créent de la résistance, ce qui peut bloquer le flux de l'abondance. Lorsque vous faites confiance au processus, vous libérez cette résistance et permettez à l'univers d'opérer sa magie. La confiance crée une énergie ouverte et réceptive qui facilite la manifestation de vos désirs.

2. **Maintien du Momentum Positif** : Avoir confiance dans le processus vous aide à maintenir un élan positif, même lorsque les progrès semblent lents ou inexistants. En restant concentré sur vos objectifs et en croyant au résultat, vous gardez votre fréquence vibratoire alignée avec vos désirs, ce qui est essentiel pour une manifestation réussie.

3. **Renforcement de l'Alignement Émotionnel** : Faire confiance au processus renforce votre alignement émotionnel avec vos objectifs financiers. Lorsque vous avez foi dans le processus, vous vous sentez naturellement plus détendu, confiant et optimiste, ce qui améliore votre capacité à attirer la richesse.

4. **Cultivation de la Patience et de la Persévérance** : La manifestation demande souvent du temps, et les résultats peuvent ne pas apparaître immédiatement. Faire confiance au processus vous aide à cultiver la patience et la persévérance, vous permettant de rester engagé envers vos objectifs sans vous décourager face aux revers temporaires.

5. **Encouragement à l'Action Inspirée** : Faire confiance au processus ne signifie pas rester passif. Au contraire, cela implique de prendre des actions

inspirées depuis un lieu de foi et de confiance.
Lorsque vous croyez que l'univers travaille en votre
faveur, vous êtes plus enclin à reconnaître et à agir
sur les opportunités qui s'alignent avec vos désirs.

Comment Cultiver la Confiance dans le Processus de Manifestation

Cultiver la confiance dans le processus de manifestation
est une pratique qui nécessite constance et pleine
conscience. Voici quelques stratégies pratiques pour vous
aider à développer et à maintenir une foi inébranlable
dans le processus :

1. **Pratiquez des Affirmations Quotidiennes** : Utilisez
   des affirmations pour renforcer votre confiance
   dans le processus. Des phrases comme « Je fais
   confiance à l'univers pour réaliser mes désirs », « Je
   suis confiant dans le processus de manifestation »,
   ou « Tout se déroule parfaitement » peuvent vous
   aider à bâtir et à maintenir la foi. Répétez ces
   affirmations chaque jour, surtout lorsque le doute
   ou l'impatience surgissent.

2. **Lâchez le « Comment » et le « Quand »** : L'un des
   aspects les plus difficiles de la manifestation est de
   lâcher le besoin de contrôler comment et quand
   vos désirs se manifesteront. Faire confiance au
   processus signifie abandonner ces détails à
   l'univers, en sachant que le timing et la méthode
   seront parfaits. Concentrez-vous sur le résultat
   désiré, mais détachez-vous des spécificités de la
   manière dont cela se produira.

3. **Visualisez le Résultat avec Confiance** : Passez du temps chaque jour à visualiser vos objectifs financiers comme s'ils étaient déjà atteints. En le faisant, immergez-vous dans les émotions de succès, de joie et de satisfaction. Visualiser avec confiance renforce votre croyance dans le processus et vous aide à rester aligné avec vos désirs.

4. **Reconnaissez les Petits Signes et Synchronicités** : L'univers envoie souvent de petits signes et des synchronicités pour vous rassurer que vous êtes sur la bonne voie. Soyez attentif à ces indicateurs subtils, comme des opportunités inattendues, des rencontres fortuites ou des pressentiments intuitifs. Reconnaissez ces signes comme des preuves que le processus fonctionne, et utilisez-les pour renforcer votre foi.

5. **Libérez la Peur et le Doute** : La peur et le doute sont naturels, mais peuvent entraver le processus de manifestation. Lorsque ces sentiments surgissent, reconnaissez-les sans jugement, puis choisissez consciemment de les libérer. Des techniques comme la respiration profonde, la méditation ou l'écriture peuvent vous aider à traiter et à libérer les émotions négatives, laissant ainsi place à la confiance et à la positivité.

6. **Maintenez une Pratique de Gratitude** : La gratitude est un outil puissant pour bâtir la confiance dans le processus. En exprimant de la gratitude pour ce que vous avez déjà, vous renforcez la croyance que l'univers est abondant et que davantage de

bénédictions sont en chemin. Habituez-vous à lister chaque jour les choses pour lesquelles vous êtes reconnaissant, et incluez la gratitude pour le processus de manifestation lui-même.

7. **Entourez-vous d'Influences Favorables** : Les personnes et les environnements qui vous entourent peuvent influencer votre capacité à faire confiance au processus. Passez du temps avec des personnes qui encouragent et soutiennent vos objectifs, et créez un environnement qui reflète la positivité et l'abondance. Évitez les influences négatives qui pourraient alimenter le doute ou la peur.

8. **Acceptez l'Incertitude comme Partie du Voyage** : L'incertitude est une partie naturelle du processus de manifestation. Au lieu de la résister, acceptez l'incertitude comme une opportunité de croissance et de découverte. Faites confiance au fait que même lorsque le chemin n'est pas clair, l'univers vous guide vers le résultat souhaité.

9. **Concentrez-vous sur la Vue d'Ensemble** : Lorsque vous rencontrez des défis ou des retards, rappelez-vous de la vue d'ensemble. Faites confiance au fait que chaque expérience, même les revers, fait partie du voyage vers vos objectifs financiers. Chaque étape, qu'elle soit en avant ou apparemment en arrière, contribue à votre croissance et à votre succès global.

10. **Méditez sur la Confiance et l'Abandon** : La méditation peut être une pratique puissante pour

approfondir votre confiance dans le processus. Pendant la méditation, concentrez-vous sur l'abandon de vos inquiétudes, doutes et peurs à l'univers. Imaginez-vous en train de lâcher prise et de faire confiance au fait que tout est pris en charge. Cette pratique vous aide à cultiver un sentiment de paix et de confiance dans le processus.

L'Impact de la Confiance dans le Processus sur Votre Vie Financière

Lorsque vous faites confiance au processus de manifestation, vous créez une base solide pour le succès financier. Cette confiance vous permet de rester aligné sur vos objectifs, de maintenir un état d'esprit positif et de prendre des actions inspirées, tous essentiels pour attirer la richesse et l'abondance.

Faire confiance au processus améliore également votre bien-être émotionnel. Au lieu d'être consumé par l'inquiétude ou l'impatience, vous éprouvez un sentiment de paix et d'assurance, en sachant que vos désirs sont en train de se manifester. Cet état émotionnel positif non seulement soutient vos efforts de manifestation, mais contribue aussi à une vie plus épanouie et joyeuse.

À mesure que vous cultivez la confiance, vous remarquerez probablement que les opportunités, ressources et solutions commencent à apparaître plus facilement. L'univers répond à votre foi en alignant les circonstances en votre faveur, vous rapprochant ainsi de vos objectifs financiers.

Surmonter les Défis pour Faire Confiance au Processus

Faire confiance au processus peut être difficile, surtout lorsque vous faites face à des défis ou lorsque les résultats ne sont pas immédiatement visibles. Voici comment surmonter les obstacles courants :

- **Impatience** : Il est naturel de vouloir des résultats rapides, mais l'impatience peut créer de la résistance. Lorsque vous vous sentez impatient, rappelez-vous que la manifestation est un voyage, et que chaque étape vous rapproche de vos objectifs. Pratiquez la patience en vous concentrant sur les progrès que vous avez réalisés et sur les signes de croissance, aussi petits soient-ils.

- **Doute et Peur** : Le doute et la peur sont des obstacles communs à la confiance. Lorsque ces émotions surgissent, utilisez des affirmations, la visualisation et la méditation pour renforcer votre foi dans le processus. Rappelez-vous que le doute et la peur sont normaux, mais qu'ils ne doivent pas dicter vos actions ou vos croyances.

- **Revers et Défis** : Les revers peuvent ébranler votre confiance dans le processus, mais il est important de les voir comme des opportunités de croissance. Face aux défis, demandez-vous quelles leçons vous pouvez en tirer et comment vous pouvez utiliser l'expérience pour renforcer votre détermination. Faites confiance au fait que chaque obstacle fait partie du voyage et qu'il vous mène vers un meilleur résultat.

- **Pression Externe** : La pression externe de la société, de la famille ou des pairs peut rendre difficile la confiance dans le processus. Restez concentré sur votre propre chemin et évitez de comparer vos progrès à ceux des autres. Rappelez-vous que votre voyage est unique, et faites confiance au fait que l'univers vous guide de la manière qui est la meilleure pour vous.

L'Effet d'Entraînement de la Confiance dans le Processus

Faire confiance au processus de manifestation a un effet d'entraînement qui s'étend au-delà de vos objectifs financiers. À mesure que vous cultivez la confiance, vous constaterez qu'elle influence d'autres aspects de votre vie, y compris vos relations, votre santé et votre croissance personnelle. La paix et la confiance qui découlent de la confiance dans le processus amélioreront votre bien-être général et votre épanouissement.

De plus, votre confiance dans le processus peut inspirer les autres à faire de même. En montrant votre foi en l'univers et en réussissant grâce à la manifestation, vous devenez un modèle pour ceux qui vous entourent. Votre exemple peut encourager les autres à faire confiance à leur propre parcours et à poursuivre leurs objectifs avec confiance et détermination.

Conclusion

Faire confiance au processus est un élément vital d'une manifestation réussie. Cela nécessite une foi inébranlable dans l'univers et la conviction que vos désirs financiers sont en train de se réaliser, même lorsque vous ne voyez pas de résultats immédiats. En cultivant cette confiance à travers des affirmations, la visualisation, la gratitude et d'autres pratiques, vous créez une énergie positive et réceptive qui attire la richesse et l'abondance dans votre vie. Rappelez-vous que la manifestation est un voyage, et que chaque étape, qu'elle soit visible ou non, vous rapproche de vos objectifs. À mesure que vous approfondissez votre confiance dans le processus, vous éprouverez une plus grande paix, confiance et succès sur votre chemin vers la prospérité financière.

Réflexions Finales : Manifester la Richesse et l'Abondance

Alors que nous atteignons la fin de ce voyage à travers les principes et pratiques de la manifestation de la richesse et de l'abondance, il est important de réfléchir à l'approche holistique que nous avons explorée. Chaque chapitre de ce livre vous a offert des outils, des techniques et des perspectives conçus pour aligner vos pensées, émotions et actions sur la fréquence du succès financier. Ces pratiques ne visent pas seulement à attirer de l'argent, elles visent à cultiver un état d'esprit, une énergie et un mode de vie qui attirent naturellement l'abondance dans tous les aspects de votre vie.

Prenons un moment pour revisiter les principes fondamentaux qui ont guidé ce parcours :

1. Libérez Vos Blocages Financiers : Nous avons commencé par l'importance d'identifier et de libérer les croyances négatives et les blocages émotionnels liés à l'argent. Cette étape fondamentale vous permet d'ouvrir les canaux pour que l'abondance puisse circuler librement dans votre vie.

2. Visualisez l'Abondance : La visualisation est un outil puissant pour concrétiser vos objectifs financiers. En imaginant votre succès de manière vivante et en engageant tous vos sens, vous créez une forte empreinte mentale qui guide vos actions et attire les ressources nécessaires.

3. Affirmations pour la Richesse : Les affirmations positives aident à reprogrammer votre subconscient, remplaçant les croyances limitantes par des pensées qui soutiennent vos objectifs financiers. Les affirmations quotidiennes renforcent votre engagement envers l'abondance et maintiennent votre état d'esprit aligné avec le succès.

4. Gratitude pour l'Abondance Actuelle : Cultiver la gratitude pour ce que vous avez déjà déplace votre attention du manque vers l'abondance. Cette pratique crée une énergie positive qui attire davantage ce que vous appréciez dans votre vie.

5. Fixez des Objectifs Financiers Clairs : La clarté est essentielle à la manifestation. En fixant des objectifs financiers spécifiques, mesurables et temporels, vous donnez à l'univers un objectif clair à atteindre, et vous maintenez votre concentration et votre motivation tout au long de votre parcours.

6. Pratiquez le Détachement : Bien qu'il soit important de se concentrer sur vos objectifs, il est tout aussi important de pratiquer le détachement. Faites confiance à l'univers pour qu'il fournisse, sans vous obséder sur les détails de la manière et du moment où vos désirs se manifesteront.

7. Entourez-Vous d'Influences Prospères : La compagnie que vous gardez et les environnements dans lesquels vous vous plongez ont un impact significatif sur votre état d'esprit. Entourez-vous de

personnes, de contenus et d'environnements qui reflètent l'abondance et la prospérité.

8. Agissez Comme si Vous Étiez Déjà Riche : Incorporez l'état d'esprit, les comportements et les émotions d'une personne riche. En agissant comme si vous aviez déjà la richesse que vous désirez, vous alignez votre énergie avec l'abondance et l'attirez dans votre vie.

9. Dépensez de Manière Réfléchie : Soyez intentionnel avec vos dépenses, en reconnaissant que l'argent est une énergie. Dépensez de manière à vous apporter de la joie et à aligner vos valeurs, renforçant ainsi une relation positive avec l'argent.

10. Méditation Quotidienne sur l'Argent : Intégrez une pratique de méditation quotidienne centrée sur la richesse et l'abondance. La visualisation, les affirmations et le travail sur la respiration pendant la méditation aident à aligner votre énergie avec vos objectifs financiers.

11. Créez un Tableau de Vision : Développez un tableau de vision qui représente visuellement vos objectifs financiers. Ce rappel tangible garde vos désirs à l'esprit et renforce votre engagement à les manifester.

12. Adoptez la Générosité : Pratiquez le don libre et généreux, sachant que ce que vous donnez vous revient multiplié. La générosité renforce un état d'esprit d'abondance et crée un flux d'énergie positif.

13. Mantras pour l'Argent : Utilisez des mantras qui résonnent avec la richesse et l'abondance. Répéter ces mantras quotidiennement oriente votre énergie vers l'attraction de l'argent et renforce des croyances positives sur votre succès financier.

14. Concentrez-vous sur la Création de Valeur : Déplacez votre attention de simplement gagner de l'argent à créer de la valeur. Plus vous apportez de valeur aux autres, plus vous attirez d'argent, menant à un succès financier durable et significatif.

15. Alignement Émotionnel : Alignez vos émotions avec le sentiment d'avoir déjà de la richesse. En ressentant de la joie, de la satisfaction et de la sécurité comme si vos objectifs financiers avaient déjà été atteints, vous créez un puissant aimant pour attirer l'abondance.

16. Utilisez la Règle des 17 Secondes : Selon la Loi de l'Attraction, maintenir une pensée positive pendant 17 secondes peut démarrer le processus de manifestation. Se concentrer sur vos désirs de richesse pendant au moins 17 secondes plusieurs fois par jour crée l'élan nécessaire à la manifestation.

17. Faites Confiance au Processus : Ayez une foi inébranlable dans le processus de manifestation. Faites confiance que l'univers travaille en coulisses pour concrétiser vos désirs financiers, même si vous ne voyez pas de résultats immédiats.

Réunir Tout Cela

Manifester la richesse et l'abondance ne repose pas sur une seule pratique ou une solution rapide, mais sur une approche globale qui intègre vos pensées, émotions, actions et environnement. Il s'agit de cultiver un mode de vie qui s'aligne constamment sur la fréquence de l'abondance. En appliquant les principes et techniques décrits dans ce livre, souvenez-vous que la manifestation est un voyage, non une destination. C'est un processus qui demande patience, engagement et confiance.

Le chemin vers le succès financier est profondément personnel, et votre parcours sera unique. En cours de route, vous pouvez rencontrer des défis, des doutes et des revers. Mais avec les outils que vous avez acquis dans ce livre, vous êtes équipé pour naviguer ces obstacles et continuer à avancer avec confiance.

En avançant, gardez ces réflexions finales à l'esprit :

- Restez Consistant : Les pratiques que vous avez apprises nécessitent une attention régulière et un engagement. Faites-en une partie de votre routine quotidienne et soyez constant dans leur application, même lorsque les progrès semblent lents.

- Soyez Patient : La manifestation prend du temps, et l'univers opère selon son propre calendrier. Faites confiance que tout se déroule parfaitement, même si les résultats ne sont pas immédiats.

- Célébrez vos Progrès : Reconnaissez et célébrez chaque pas en avant, aussi petit soit-il. Chaque accomplissement vous rapproche de vos objectifs financiers ultimes.

- Continuez à Évoluer : À mesure que vous grandissez et que vos circonstances changent, revisitez ces pratiques et adaptez-les à vos besoins et désirs actuels. La manifestation est un processus continu de croissance et d'évolution.

- Appréciez le Voyage : Enfin, rappelez-vous que le voyage lui-même est tout aussi important que la destination. Appréciez le processus de manifestation de la richesse, et accueillez les leçons, expériences et croissances qui l'accompagnent.

En intégrant ces pratiques dans votre vie, vous attirez non seulement l'abondance financière, mais vous créez également une vie remplie de joie, de satisfaction et de sens. Vous avez le pouvoir de manifester la richesse et l'abondance que vous désirez. Il est maintenant temps de faire confiance à ce pouvoir et de regarder vos rêves devenir réalité.